KB037337

코이의 꿈을 찾아라

코이의 꿈을 찾아라

우리 아이들은 무엇을 원하는가

ⓒ김종갑

초판 1쇄 인쇄 | 2021년 11월 26일
초판 1쇄 발행 | 2021년 12월 03일

지은이 | 김종갑
펴낸이 | 이진호
편집 | 강혜미, 권지연
표지 디자인 | 황인성
본문 디자인 | 트리니티

펴낸곳 | 비비투(VIVI2)
주소 | 서울시 중구 수표로2길9 예림빌딩 402호
전화 | 대표 (02)517-2045
팩스 | (02)517-5125(주문)

이메일 | atfeel@hanmail.net
홈페이지 | https//blog.naver.com/feelwithcom
페이스북 | https//www.facebook.com/publisherjoy

출판등록 | 2006년 7월 8일

ISBN 979-11-89303-64-8(03370)

코이의 꿈을 찾아라

우리 아이들은 무엇을 원하는가

김종갑 지음

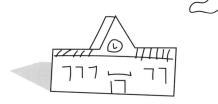

VIVI2

가르침과 배움의 상호 작용,
미래 교육의 희망!

　취준생이 최고로 선망하는 기업도 평균 근속 연수가 채 7년이 되지 않는다는 지금, 저자는 교육 현장에서 무려 30여 년간 평생 학습의 길을 걸으며, 끊임없이 가르침과 배움의 상호 작용을 넘나들었다. 이 책에는 개인 코칭 스킬뿐만 아니라 학급 경영 원리, 그리고 사회 차원에서 고교학점제 등이 효과적인 실무 경험을 토대로 다차원에 걸쳐 소개되고 있다.

　입시만 준비하는 학교생활이었다면 경쟁을 통한 생존 원리에 치우쳤을지 모른다. 그러나 저자가 한평생 중등 직업 교육계에서 쌓은 지식과 경험은 우리에게 공동체로서의 학급, 협업을 통한 공존 원리를 터득하는 학교생활의 소중함을 담아 전한다.

　디지털 트랜스포메이션 시대에 접어든 우리는 인간 고유의 역량

과 가치를 함양하기 위하여 어떠한 학급 경영을 고민해야 하는가? 이에 대한 구체적인 33가지 해법을 저자와 함께 찾아보길 바란다. **이찬** |
서울대학교 경력개발센터장, 산업인력개발학 교수

『코이의 꿈을 찾아라』는 교육 체험이며, 그 체험을 사회적 법칙으로 풀어냈다. 그만큼 교육의 깊이와 너비가 남달랐다는 것을 알 수 있다. 아이들과의 상호 작용에서 의미를 찾았으며, 사회적 법칙으로 연결하여 제시할 만큼 지적 사유를 더했다.

사실 우리의 삶은 경영이다. 내 몸 하나도 안에 있는 다중 감정과 다중 지능을 잘 경영하여 지금의 모습이 만들어지는 것이고, 가정의 경영, 학급의 경영, 학교의 경영, 직장, 지역 사회, 국가, 세계 모두가 경영의 과정과 결과의 반복으로 만들어지고 있다. 수많은 사람이 그러한 경험 속에서 바람직한 철학과 현실의 유용성을 바탕으로 법칙을 만들어 낸다. 이 책도 그러한 노력이자 과정으로서 교육 현장에 던져져서 여러 구성원을 자극하여 우리 교육 발전에 의미있는 줄기세포가 될 것이라고 믿는다. **정문성** | 경인교육대학교 교수

교사 초년 시절부터 함께 교사의 길을 걸어온 인연으로 배우며 학생들을 관찰하는 그의 신념을 늘 지켜보았다. 진정한 교육자로서 언행을 실천하는 그는 연구자이자 실천가이다. 이 책은 30여 년의 교육 사례들을 통해 교사와 학생들의 소통법과 교육의 의미와 실체가 무엇인

지, 어떤 시선으로 말하고 행동해야 하는지를 일깨운다. 또한 학생 개개인의 존재 가치를 소중하게 인식해야 함을 강조한다. 특히 학교 현장에서 일어나는 갖가지 에피소드에 적용된 사회적 법칙 33가지를 통해 교사로서의 시선과 선한 영향력을 성찰할 수 있다.

이 책은 사유하지 않는 교육 너머 실질적인 경험을 통해 새로운 도전을 꿈꾸게 하는 그런 학교를 상상하게 한다. 교육의 주체자로서 학생 중심 교육을 어떻게 실천하고 대응해야 할 것인지는 물론 교사와 학부모들에게 새로운 프레임으로 미래 학교와 자녀 교육의 희망을 일깨워 주는 지침서임을 확신한다. **신창애** | 서울시 교육청 장학관

삶의 가치를 발견하게 하는 진정한 멘토와의 만남은 축복이다. 멘티 스스로 멘토가 필요해야 하고 주변에서 찾아내야 한다. 그런 점에서 이 책에서 제시한 33가지 사회적인 법칙은 삶의 방향을 안내하는 내비게이션이라고 할 것이다. 평소 청각과 시각을 총동원하여 수업 활동에 참여하는 학생들에게 교사의 언행은 교재가 된다. 수업 방식을 새로운 시각으로 개선하고 혁신적으로 전환하여 멋진 교육 현장을 생생하게 제공하고자 하는 선생님에게 이 책의 일독을 권한다. **이재구** | 서울사립중고등학교회 회장, 건국사대부고 교장

일상생활에서 발견하는 사회적 법칙도 흥미로운데, 학급 경영에 적용한 33가지 법칙은 첫 느낌부터 신선하여 더 눈길이 갔다. 저자의

기억력과 통찰력에 감탄하면서 각각 법칙들을 학교 현장에 접목시키며 노련하게 이끄는 대로 따라가다 보니 나의 교직 생활의 과거와 현재를 자연스럽게 떠올리면서 공감하고, 새로운 시각을 얻을 수 있었다. 가슴 벅차게 학생들과 소통하며 '함께하는 우리'의 미래를 더욱 성숙한 모습으로 설계하고 싶다는 새삼스러운 용기마저 갖게 한 책! 가던 길을 잠시 멈추고 한 번쯤 새로운 다짐이 필요한 분들에게 이 책을 권한다. **박진숙** | 서울상업고등학교장회 회장, 서울여자상업고등학교 교장

세상은 변화했다. 동그란 사람에게는 세상 곳곳을 자유롭게 굴러다닐 수 있는 능력을, 별 모양으로 생긴 사람에게는 어두운 곳을 환하게 밝힐 수 있는 능력을 가르쳐야 한다. 그러기 위해 개별화 교육, 맞춤형 교육이 필요한 것이다. 교사라면 수업을 하고, 담임 업무를 맡고, 학생과 상담을 한다. 그 과정에서 유의미한 패턴을 추출해 내고 미묘한 차이를 발견하는 일은 쉽지 않다. 그렇기에 이 책에 적용한 33가지 사회적인 법칙은 갓 부임한 교사, 학부모의 시행착오를 줄여 나가는 데 큰 역할을 하리라 확신하며 이 책을 추천한다. **주석훈** | 미림여자고등학교 교장, 교육부 정책자문위원회 위원, 중앙일보 리셋코리아 위원

학급은 학생들과 담임 교사가 자율적이고 창의적인 분위기에서 다양한 활동을 할 수 있는 작은 공동체이다. 교사의 학급 운영 방식은 학급에 생명력을 불어넣을 수 있을 만큼 중요하다.

교육은 호흡과도 같다. 사람도 날숨과 들숨이 조화를 이뤄야 건강한 생명력을 유지할 수 있듯이, 교사와 학생 간에 소통이 잘 이루어져야 교육적 성취를 이룰 수 있다. 그러기 위해서는 교사의 진정성, 학생과의 관계에서 신뢰와 공감대가 밑바탕이 되어야 하는데, 이 책 곳곳에 그러한 진실이 오롯이 드러나 있다. 교육의 동지이자 오랜 벗인 저자의 이 책이 교육 현장에서 고민하는 교사와 학부모에게 해결책이 되리라 믿는다. **최하순** | 자양중학교 교장

30년 교직 생활에 대한 교육 철학과 실천 의지가 담겨 있는 교육지침서이다. 교사에게는 학급 경영 지도서이며 학생들에게는 멋진 학창 시절을 향유할 수 있도록 돕는 복음서가 될 것이다. 또한 사회적인 법칙 33가지를 학교 현장의 에피소드를 통해 누구나 쉽게 이해하도록 재미있게 구성하여 이 책을 읽고 나면 학교생활을 더욱 즐겁고 알차게 보낼 수 있는 다양한 방법을 자연스레 터득하게 될 것이다. 위드코로나 상황에서도 슬기롭고 현명하게 대처할 수 있는 해법을 찾을 수 있다. **송병태** | 잠신중학교 교감

'요즘 아이들'이라는 말을 흔히 쓴다. 예전 아이들과 지금 아이들의 특성이 다르다는 말이다. 교사로서 교실에 들어서면 매년 아이들이 변화하고 있음을 느낀다. 학교와 교사 역할의 중요성이 대두되고 새로운 교육의 대전환 과제가 생길 수밖에 없다. 이 책은 학교와 교사의

역할에 대해 30여 년 교직 경험을 사회적 법칙으로 재해석하여 전하고 있다. 시대적 요청에 따라 새로운 교육관을 정립하는데 기준을 세워 주는 GPS 같은 책이다. **양정호** | 울산 중앙중학교 교사

4차 산업 혁명 시대를 맞이하여 사라지는 직업도 있고 새롭게 나타나는 직업이 있다. 아이들의 꿈도 그만큼 다양해졌다. 특성화고교들이 생겨나면서 미래 직업군을 탐험하고 인재로 성장할 수 있는 기회를 제공하고 있다. 이 책은 저자의 산 경험을 통해 진로와 직업을 찾는 방법을 제시하고, 좌충우돌하는 교사에게 학급 경영과 학생들과의 소통을 위한 필독서가 되어 줄 것이다. 학부모로서 아이들의 교실 수업 구석구석을 따라가는 재미가 쏠쏠하다. **이명애** | 학교운영위원회 위원 겸 학부모 대표, 『엄마는 영어중독자라니까』 『90일의 영어글쓰기』 저자

저자의 말

배움에 참여하는
교사와 학부모에게

　해마다 새로운 아이들과의 만남은 언제나 설렌다. 이 책은 미래교육을 내다보며 우리 아이들을 어떻게 코칭하고 티칭할 것인가를 위해 쓰여졌다. 학급 경영 프로젝트를 단계적으로 실천할 수 있도록 정리하고, 누구나 잘 아는 사회적인 법칙 33가지를 적용하여 읽는 재미를 더하고자 했다.

　제4차 산업 혁명의 한복판에서 코로나 시대가 밀물처럼 다가왔다. 온라인 수업의 상호 작용은 현실이 되었고, 온오프믹스 협업 수업이 지속 가능한 교수법이라고들 말한다. 교사, 학생, 학부모가 함께 학교 현장의 변화를 해석하고 실천해야 하는 지점에 서 있다.

　저마다 성품이 다르고 적성이 다른 우리 아이들, 매해 학급별 학년별 아이들의 성향 또한 다르게 나타난다. 한국 근대 교육의 기초 아래

관습으로 이어진 교육 현장은 결과 중심, 성과 중심의 교육이었다. 이제 삶이 교육이 되고, 과정을 중시하는 교육이 요청되고 있다. 무엇보다 진로 교육을 향한 물길이 천천히 차올라 사방으로 흘러가는 냇물처럼 학문의 제방 너머 자유롭게 이루어지길 기대한다.

교사 생활 30여 년의 기록이기도 한 이 책은 동료 교사들과 학생, 학부모와 함께 나누고자 쓰여졌다. 때로는 새로운 역량을 이끌어 내는 역할이 주어지면서 보람찬 경험을 했고, 진정성이라는 심장박동기를 연결하여 교육 신념이 다음 세대로 이어지기를 바랐다.

교사는 배우면서 관찰해야 다르게 성장하는 아이들의 고민과 갈등에 참여할 수 있다. 그렇지 않으면 아이들을 아무리 관찰해도 따뜻한 삶으로 안내하기 어렵다. 그것은 교사 자신이 다양한 혼란을 겪는 성장기 아이들의 내면에 공감할 때라야 가능하다. 숨은 의미는 두 개의 다른 실체, 즉 수동적으로 학습해 온 나의 경험과 지식이 오늘의 교육 철학에 어떻게 융합하게 되었는지 살펴 주기를 바란다.

학교 교육의 변화는 우리 아이들 한 사람에 대한 존재 가치를 소중하게 인식해야 한다. 계층화되고 개별화된 학생들의 에피소드를 통찰할 수 있는 사회적 법칙 33가지를 통해 교사의 시선이 무엇인지 교사의 선한 영향력이 무엇인지 전하고자 했다.

이제 교사 스스로 교육 현장을 해석하고 점검해야 한다. 미래 학교의 학생 중심 교육을 어떻게 실천하고 대응할 것인지 고민하고 함께 나누어야 한다. 더 나아가 교사와 학생이 더불어 살아가는 공동체인 학교생활이 즐겁고 행복하기를 기대한다.

참여하고 관찰하는 교사라면 학생의 시선이 향하는 곳에 눈 맞춤하면서 미래 학교의 희망을 찾아갈 수 있을 것이다. 이 책이 교육의 모험적인 항해를 위해 나아가는 교사에게 GPS가 되기를 기대한다. 필자의 교육 현장 경험과 성찰이 새로운 시대를 열어 가는 교사에게 디딤돌이 되고, 교육 역량 프레임을 만드는데 기초 자료가 되기를 바란다.

2021년 가을, 김종갑

PART 1

배움의 힘이
가르치게 한다

01

나는 어떤 첫인상을 남겼을까

기억의 법칙
지식은 결국 기억이다. 기억에 저장되어야
그 힘을 발휘할 수 있다.

교사로서 가슴 설레는 첫 출근길, 첫 학교, 첫 기억을 떠올리면 뭉클하다. 그날은 1994년 2월 말일이었다. 시업식을 앞두고 교감 선생님으로부터 교과를 배정받았다. 교감 선생님은 같은 과목 담당 선배 J 선생님을 소개했고, 그는 동생을 대하듯 낯설지 않게 아낌없이 교사 코칭을 해 주었다.

학교마다 나름대로 독특한 문화와 특성이 있기 마련이어서 그의 코칭은 초보 교사에게 필요한 유의미한 가르침과 교훈들이었다. 그런데 J선생님이 느닷없이 도수 없는 안경이라도 쓰라는 것이 아닌가. 그 말씀은 아마 어수룩함이 묻어 있을 내 습성이 교사답지 않다는 의미였으리라. 교사는 학생들 앞에 위엄 있게 보여야 한다며 강렬한 눈빛을 강조했고, 안경을 써 보라고 제안한 것이었다.

매일 수십 명의 학생을 마주하며 수업을 이끌어야 하는 내게 교육학 교과서대로 되는 일은 없다는 쓴소리이기도 했다. 학교와 교실은 J선생님 말씀이 아니더라도 공부한 대로 되는 일은 거의 없었다. 그것이 초보의 현실이었다.

처음 발령받은 학교는 서울역 근처였다. 이른 아침 출근길은 이문동 집에서 출발하여 지하철을 타고 서울역에서 내리면 종종걸음으로 15분가량 걸어야 했다. 그 길은 서울역 대합실을 지나치든지 고가 도로를 지나는데, 대합실에는 승차 시간을 앞두고 떠나려는 사람들이 서성거렸다.

그 순간 그들처럼 떠나고 싶은 마음이 앞서다가 다시 학교에 가야 한다는 마음이 혼재되곤 했다. 초보 교사의 월요병이었다. 가슴의 양 날개가 질투하듯 투닥거려서 그 마음을 하루 종일 다독여야 했다. 그래서 그랬는지 대합실보다 주로 고가 도로를 이용했다. 지금 그 길은 보행로 공원으로 '서울로 7017'이라고 불린다.

J선생님이 다짜고짜 이런 조언을 하기도 했다. 교실에 들어설 때의 첫인상이 그 교사의 일 년을 좌우한다면서 학생들에게 절대 초보 티를 내면 안 된다고 했다. 학생들에게 휘둘린다는 것이다. 심지어 학

생들이 버릇없이 굴 때 안경을 벗어 그 자리에서 패대기를 치라는 행동 지침을 주었다. 지금도 J선생님 목소리가 생생하다.

그 장면은 교사로서 담금질이 시작된 첫 기억이자 출발점이었다. 선배 교사 코칭은 그렇게 강렬하게 각인되었다. 시력이 나쁘지 않았던 나는 선배의 조언 덕분에 도수 없는 안경을 쓰고 첫 수업을 시작했고, 아이러니하게도 나를 안경 쓴 교사로서 살아가게 했다.

새 학기가 시작되었고 처음 출근한 날, 교무실로 들어서는데 여러 선생님들의 시선이 느껴졌다. 소리 내어 인사하고 싶었지만 간단히 목례만 하고 얼른 내 자리에 앉아 책을 뒤적거리며 수업 준비를 했다.

그해 두 과목을 배정받았는데, 첫 수업은 3학년 5반 교실이었다. 아무래도 초긴장 상태로 뚜벅뚜벅 교실에 들어서자 고3 여학생들로 가득 차 있었고, 초보 교사는 밝고 명랑한 환대를 받았다. 잠시 마음을 놓을 뻔했으나 선배의 조언을 떠올리고 첫 출발부터 위엄 있는 교사 이미지를 마음에 되새기며 긴장감을 놓지 않았다.

먼저 출석을 부르자 다른 할 말이 생각나지 않아 거두절미하고 곧바로 수업에 돌입하였다. 학생들은 첫날부터 웬 수업이냐는 표정이었으나 못 본 척하면서 수업에 열중했다. 학생들에게 시선을 고정시킨 채 한눈팔지 못하도록 결코 뒷모습을 보여주지 않았다.

첫 수업이니 가볍게 시간을 보내리라 예상한 학생들의 바람을 무시한 나는 제법 기선을 제압한 것 같았으나 긴장한 탓인지 무슨 말을 했는지 도통 기억이 나지 않았다. 그저 무탈하게 첫 수업을 마친 것에 대해 안도의 한숨을 내쉬었다.

그렇게 별다른 학생들의 반응 없이 첫 수업을 끝내고 교무실에 들어서자 J선생님이 박수갈채를 보내는 것이 아닌가. 수업하는 내 모습을 지켜보고 있었던 것이다. 한 시간 내내 큰 소리로 말하느라 목이 아팠는데 마침 목캔디를 건네주며 잘했다는 칭찬과 격려를 아끼지 않았다.

내심 '칭찬은 이럴 때 하는 것이구나!' 생각했고, 선배 교사에게 감사의 마음을 더 크게 느끼는 순간이었다. 같은 교과목을 가르치는 선배라는 이유로 초보 교사에게 흔쾌히 멘토가 되어 준 J선생님을 떠올리게 하는 목캔디는 그 후 나의 애용품이 되었다.

첫 기억, 첫 만남, 첫 수업, 첫 미팅, 첫 여행 등등 모든 일은 처음 느낌이 무엇보다 중요하다. 버스나 지하철 도착 시간을 미리 알 수 있듯이, 일의 순서와 시작을 먼저 알려 주는 이가 있다면 우리의 삶은 좀 더 여유로워질 것이다.

대학 시절에 교양 과목인 '현대인의 정신 건강' 수업에서 아이가 18개월에서 36개월쯤에 삶에 있어 첫 기억이 형성된다며 첫 기억(First memory)은 팔자라고 했던 정 교수님의 말씀이 생각난다. 어릴 때 형성된 첫 기억은 자라면서 일상 행동에서 무의식적으로 표출된다고 하였다.

발달심리학에서 3~4세 아이들은 다양한 방법으로 자신에 대해 스스로 알아 간다. 몸을 움직이면서 신체 능력을 파악하거나, 여러 가지 요구 사항을 주문하기도 하고, 그 요구가 해결되는 과정에서 자기 조절력을 배우며 행동으로 이어진다. 그래서 성장기는 중요하다. 유아기, 아동기, 청소년기를 거치면서 보고 배우는 모든 것은 부모와 교사의 행동에 의해 무의식적으로 체득되어 나타날 수 있다.

나의 기억 중에 붉고 푸른 원색에 대한 두려움이 가끔 무의식적으로 다가올 때가 있었다. 어릴 적 친할머니가 돌아가시자마자 잠시 식구들에 의해 외갓집에 맡겨졌고, 친할머니가 돌아가셨다는 사실을 몰랐던 나는 그 후 할머니가 보이지 않자 어디 계시냐며 계속해서 보채듯이 물었다고 한다. 그러나 아무도 할머니의 부재 이유를 알려 주지 않았다.

그러던 어느 날 집안에 울긋불긋 커다란 조화들이 화병 한가득 꽂혀 있었다. 어머니는 그렇게 고이 놓아 둔 화병 속 붉고 푸른 조화들 속에 할머니가 계신다고 했다. 꽃 속에 할머니가 계시다니. 할머니가 꽃으로 환생하셨다니.

네 살 아이 마음으로는 도저히 이해가 되지 않았다. 한참 후에야 그 말이 거짓임을 알았다. 그 후 꽃상여가 먼 산으로 올라가는 것을 볼 때마다 친할머니에 대한 애틋한 그리움과 붉고 푸른 원색의 두려움에 갇혀 무의식적으로 가슴이 떨리는 일이 종종 일어나곤 하였다.

영국의 철학자 프랜시스 베이컨(Francis Bacon)은 모든 지식은 결국 기억이라고 하는 '기억의 법칙'을 주장하였다. 기억력은 우리 일상생활에서 중요한 능력이다. 사람들 사이에서 난처하지 않게 해 줄 뿐더러 수많은 유용한 지식을 소유하게 도와준다.

심리학적으로 보면 여러 감각 기관을 통해 얻게 된 지식은 기억의 효과가 다르다. 청각을 통해 얻은 지식은 15%를 기억하고, 시각을 통해 얻은 지식은 25%를 기억할 수 있다. 하지만 청각과 시각이 동시에 결합되면 얻은 지식의 65% 정도를 기억하는 효과를 얻을 수 있다. [1]

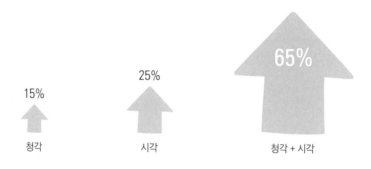

학생들 앞에서 교사도 마찬가지다. 학생들은 청각과 시각을 총동원하여 동시에 학습하게 되고, 교사의 언행과 모습은 교재 역할을 한다. 교단에 서는 교사 모습은 학생들의 기억에 오랜 시간에 걸쳐 형성되는 것이 아니라 첫 모습에 의해 각인된다.

그래서 그저 그런 최초의 교사이기보다 제자들 기억 속에 살아 숨쉬는 최초의 교사가 되어야 한다. 최초로 각인된다는 것은 기억에서

1)『매일 심리학 공부』, 우리창 지음, 정세경 옮김, 지식너머, 참조

도 최초가 된다는 의미일 것이다. 이는 첫인상과 깊이 관련되어 있다. 처음 학생들에게 비춰진 교사 모습이 중요한 이유다. 학생들에게 나는 어떤 첫인상을 남겼을까. 내가 꿈꾼 교사로서의 존엄성은 제자들의 기억 속 이미지에 어떻게 저장되었을까.

02

잘못될 가능성을 사소하게 만드는 지혜

머피의 법칙
잘못될 가능성이 있는 것은 항상 잘못된다.

팬데믹이 교육에 미친 영향은 지대하다. 엎친 데 덮쳤다고 해석하는 교사도 있지만, 이전에도 미래 교육에 관해 갖가지 설정과 논의를 해 왔으니 과연 어떤 변화를 가져왔는지 의문이 있던 차였다.

갑작스럽게 주어진 비대면 환경으로 인해 잠재된 문제들이 강압적으로 개선되는 효과를 가져오기도 한다. 대면 수업의 소중함, 학급 경영을 되돌아볼 계기가 되었고, 온라인 수업에 적응해야 하는 교사와 학생, 학부모에게는 상호 작용의 필요가 구체적으로 요구되었다.

이러한 상황이 나에게 가져온 가장 큰 변화는 출근길이었다. 대중 교통보다 승용차 이용자가 늘면서 출퇴근 시간의 교통 체증이 여간 아니었다. 결국 버스로 출퇴근을 하기로 했다.

버스는 전용 차선이 있어서 대체로 소요 시간이 일정했고, 교통 앱 (app)을 활용하면 시간을 낭비하지 않고 집에서 5분 거리인 버스 정류 장 승차 시간에 맞춰 도착할 수 있었다. 출근 시간대보다 앞서 버스를 타곤 했는데 승객이 몇 명 되지 않거나 나 혼자일 때도 있어서 그 시간 에 책을 보기도 하고 음악을 들으며 여유를 즐기게 되었다.

이처럼 버스를 이용한 만족스러운 출퇴근을 즐기던 중에 버스와 나 사이에 미묘한 갈등이 생기기 시작했다. 정류장에 다가오는 버스 를 보고 정차할 위치에 서 있으면 내 앞에 멈출 법도 하건만 앞서 멈추 거나 나를 지나쳐 멈추는 바람에 속이 상했다. 내가 서 있는 곳에 정 확히 정차해 주기를 바랐다.

몇 차례 시행착오 끝에 도로에 흰색 정지선이 표시되어 있다는 것 을 알아차렸다. 버스 정차는 기다리는 사람에게 편리하게 맞추는 것 이 아니라 그 정지선이 기준이었다. 그러나 정지선 앞에 서 있어도 나 를 시험하듯 종종 정지선을 넘어 정차하기도 했다. 버스 타는 일조차 사소하지 않다.

언젠가 늦잠을 잔 탓에 평소보다 늦게 버스를 기다리는데, 하필 한 참 지나쳐서 정차하는 것이 아닌가. 마음이 상한 나는 평소와는 다르 게 천천히 걸어 버스에 올랐다. 버스 기사가 나를 기다리는 동안 내걸음 속도에 불만을 가졌는지 모르겠다.

나를 태운 버스는 잠실대교를 휑하니 건너갔다. 그런데 아뿔싸! 사거리에서 자동차 사고가 나는 바람에 차들이 꼼짝도 못했다. 얼마나 기다렸을까. 버스는 다시 출발하고, 몇 정거장을 지나 여자 승객이 정차하자마자 내리더니 재빨리 다시 올라탔다. 정류장을 잘못 알았던 모양이다.

그런데 버스 자동문이 닫히면서 승객의 옷이 끼이는 바람에 버스 기사와의 말다툼이 시작되었다. 얼마간 또 버스는 주행을 멈추고 말았다. 이런, 엎친 데 덮친 격이었다. 그날 조바심을 내면서 출근 시간에 가까스로 도착했으나 불편한 마음이 이어졌다.

그 마음이 예감한 듯 장갑 한 짝이 보이지 않았다. 버스 기사와 승객의 말다툼이 길어지는 사이 정신없이 버스에 놓고 내린 모양이었다. 그야말로 머피의 법칙이 계속해서 일어나고 있었다.

그날 아침은 길기만 했다. 마음을 가라앉히기 위해 진한 커피를 마셨다. 살다 보면 이런 날이 있다. 일상이 평화롭기만 바랄 수 없고, 내 계획대로 움직여지지도 않는다. 이처럼 나 스스로 개선할 수 없는 불필요한 스트레스에 노출되고 만다.

많은 학생과 여러 교직원으로 구성된 학교에서도 이러한 현상은 수시로 또는 갑작스럽게 다가온다. 교사는 교실에 들어서야 하루가 시작되는데, 우선 학생들이 모두 출석해야 안심한다. 학생들 사이에 문제가 발생하거나, 간혹 수업 시간에 학생들의 짜증 내는 소리를 들어야 할 때도 꽤 스트레스가 작용한다.

가장 고달픈 아침은 교무실 여기저기 전화벨 울림이 시끄러운 날이다. 어쩔 수 없이 신경이 쓰인다. 대체로 아침 전화는 그리 좋지 않은 일이다. 아파서 지각 또는 결석을 한다는 학생의 전화이거나 아예 학생을 학교에 보내지 않겠다는 학부모 전화이기 때문이다. 그런 일도 유난히 엎치고 덮치는 날이 있다.

그런 날이면 교무실 분위기는 전화벨 소리가 요란한 만큼 긴장감이 흐른다. 어디 그뿐인가. 교무실에서 동료 교사들 사이에 견해 차이로 부딪치는 일이 생기고, 소위 꼰대 교사에게 조언이 아닌 직언을 듣는 후배 교사는 힘이 없고, 행정 업무에 서툰 교사에게 심한 꾸지람을 해서 오늘은 지나치다는 생각이 이어지기도 한다.

동료 교사들의 관계가 무너질 경우, 그 파급 효과는 도미노처럼 학년부장 교사에게 영향을 주고, 결국 조직의 갈등으로 이어지기 마련이다. 이럴 때일수록 리더 역할이 중요하다. 관리자는 중간 관리자 역할을 존중하고 상하 관계를 조정하여 해결할 책임이 있다. 동료 교사들 사이의 소통과 연대는 리더십이 적절히 영향력을 발휘할 때 원활하다.

학교생활의 어려움은 동료 교사들의 관계에서 가장 많이 나타난다. 보이지 않게 서열이 존재하기 마련이어서 초보 교사는 선배 교사와 관리자에 의해 부당한 스트레스에 놓이는 경우도 상당하다. 하필 심성이 나쁘다는 선배 교사를 그날 대면하게 되어 관계가 더 틀어진다거나, 그렇지 않아도 관리자에게 밉상인데 큰 실수를 하고, 그것이

인사 정책에 반영되는 등 계속해서 그릇된 방향으로 나아가는 경험을 하게 된다.

1949년 미국 항공사의 엔지니어 에드워드 머피(Edward A. Murphy)는 충격 완화 장치 실험이 실패로 끝나자 잘못될 가능성이 있는 것은 항상 잘못된다(Anything that can go wrong will go wrong)고 말했다.

이에 따라 어떤 일을 시작하려고 할 때 2가지 이상의 방법이 있으며, 그중 하나의 방법으로 잘못된 결과를 초래하는데도 누군가 또 그 방법을 쓴다고 주장했다. 이러한 '머피의 법칙'은 좋지 않은 일이 연속해서 생기며, 자신이 원치 않는 방향으로 일이 진행될 때 주로 응용한다.

미국 정신의학자 아서 프리먼(Arthur Freeman)은 머피의 법칙이 심리 현상적 의미를 내포하고 있다고 했다. 세상에는 걱정할 필요 없는 상황이란 없지만, 그 확률이 100만 분의 1이라 해도 걱정하는 사람은 문제가 생기지 않을 99.9999퍼센트의 좋은 상황보다 문제가 생길 0.0001퍼센트에 집착한다는 것이다. 걱정하는 데 너무 많은 에너지를 소비하면 말도 안 돼 보이던 것조차 가능해 보일 수 있다고 하였다.

조직에서 머피의 법칙을 유발하는 원인은 주로 인간관계에서 비롯된다. 학교에서도 이러한 원인을 제공하는 사람이 있기 마련이다. 누구나 휘둘리기 쉬운 나쁜 감정을 명쾌하고 따뜻하며 자신 있게 다룬다면 자신을 더욱 성장시키는 계기가 된다. 우리 마음가짐과 심리

현상을 조금 더 조절할 수 있다면 결과는 크게 달라질 것이다.[2]

머피의 법칙을 반박하는 이들은 공교롭게도 일이 잘 안 풀린 경우를 유난히 또렷하게 기억하는 선택적 기억(selective memory) 때문이라고 주장한다. 나쁜 경험은 오래 기억하기 마련인데 그 일의 원인을 찾으려는 심리 현상의 일종이라는 것이다. 논리학에서는 거짓 원인의 오류(the fallacy of false cause)라고도 한다.[3]

그렇다면 자신의 마음 상태를 미리 깨우친다면 나쁜 상황을 잘 처리하는 지혜가 발휘되어 스트레스보다는 디딤돌이 될 수도 있다. 하지만 소크라테스의 명언 '너 자신을 알라'는 말을 이해한다고 해서 자신에게 그대로 적용되지 않는다. 속내를 감추고 상대방의 불편한 상황을 이해하지 못한 채 욕심을 채우려고만 한다면 그 늪에서 빠져나올 수 없다. 이러한 경우 엎친 데 덮치는 상황이 반복될지도 모른다.

머피의 법칙은 일상생활에서 일어날 불운을 얘기하는 법칙이 아니라 혹시 일어날지 모르는 나쁜 상황을 사전에 잘 예비해서 사소하게 만드는 법칙이라고 말하고 싶다. 이러한 자세로 미래 교육을 준비하고 도전하는 길목에 서 있어야겠다.

☺
2) 『훌륭한 교사는 무엇이 다른가?』 토드 휘태커 지음, 송형호 옮김, 지식의 날개, 참조
3) 『기억의 세계』 사이언티픽 아메리칸 편집부 엮음, 홍경탁 옮김, 한림출판사, 참조

03

더 나은 삶으로 안내되는 순간이 있다

멘토의 법칙
더 나은 삶으로 안내하는 친구는 따로 있다.

내가 근무하는 학교는 해마다 '창의경영캠프'를 준비한다. 캠프가
열리는 날이면 이른 아침부터 재학 시절에 눈여겨보던 졸업생들이 찾
아온다. 창의경영캠프는 경영, 경제, 컨벤션 분야로 취업하고자 진학
을 고민하는 학생들에게 맞춤형 프로그램을 제공하는 데 최적화되어
있다.

해당 캠프의 하이라이트는 졸업생과 재학생이 함께하는 멘토-멘
티제인데, 선배의 진로 선택 경험을 후배에게 나누는 지속 가능한 멘

토링 소그룹 활동이다. 멘토 활동은 멘티가 합리적인 진로 선택을 할 때까지 계속 된다.

학생들의 진로 설계에 따라 두 반으로 나뉜다. '취업비전반'은 대학에 진학한 선배들을 통해 직업 탐구와 함께 학과를 선택하는 간접 체험 기회가 제공되고, '진학드림반'은 후배들의 흥미, 적성, 성격에 따라 미래 비전을 꿈꾸는 나침반이 되는 실제적인 진로 안내를 받을 수 있다. 이러한 아름다운 전통이 계속해서 발전하고 이어지는 데 창의경영캠프가 중요한 역할을 하고 있다.

이를 위해 기업에서 근무하는 선배들이 경영경제 전문가로서 강연을 하기도 하고, 진로 탐색 과정을 소개한다. '나의 회계사 도전기, 직장인의 하루가 궁금하다!, 신 직업 스타트업 스쿨, 꿈이 나에게 반하도록!' 등 경영 시뮬레이션 교육인 셈이다.

이러한 프로젝트 활동에 참여하면서 학생들은 전공 적합성이나 진로 선택에 자신감을 얻을 수 있고, 선배들의 자기소개서 작성 노하우 등을 공유하면서 매년 취업률과 진학률을 갱신하고 있다.

취업비전반은 공무원이나 공공 기관 또는 대기업에 들어가기 위해 NCS(국가 직무능력 표준)[4] 과정을 준비한다. 학교 성적과 자격증 취득을 관리하여 자기소개서 및 면접에 대비한 전문 상담을 받는다. 2학년부

---

4) 산업 현장에서 직무를 수행하기 위하여 요구되는 지식, 기술, 소양 같은 내용을 국가가 산업 부문별, 수준별로 체계화한 표준. 고용과 교육, 자격을 체계화한 시스템.

터 졸업생 멘토와 함께 팀별로 매칭되어 수시로 도움을 요청한다.

진학드림반은 대학 진학을 준비하는 학생들의 모임으로 대학 수시 모집 전형에 지원하여 자기소개서와 면접 준비를 하는 학생들을 선발한다. 멘토는 멘티의 학교생활기록부를 검토할 수 있다.

그래야 맞춤형 멘토로서 자신이 경험한 내용을 토대로 자기소개서 작성법은 물론 학습 계획, 진행 상황 확인, 진로 지도 및 고민 상담, 자기주도학습법을 설명하는 등 학습 동기를 일깨울 수 있다. 그뿐만 아니라 국어, 영어, 수학 등 부족한 교과목의 학습 노하우도 공유한다. 이러한 멘토-멘티제가 적극적으로 적용되면서 특성화 교육 방법의 성공 모델이 되고 있다.

멘토(mentor)라는 말의 기원은 고대 그리스 신화 〈오디세이아〉에 두고 있다. 이타이카 왕국의 오디세우스 왕은 트로이 전쟁에 출정하기 전 친구에게 자신의 아들인 텔레마코스를 부탁하고 떠났다. 그 친구는 오디세우스가 전쟁에서 돌아오기까지 그의 아들에게 스승이자 지도자, 조언자로서의 역할을 하며 잘 보살폈고, 유익한 도움을 주었다. 그 친구의 이름이 바로 멘토르(mentor)이며, 훗날 지식과 경험을 바탕으로 누군가를 지도하고 조언해 주는 것을 일컬어 멘토링(mentoring)이라 지칭하였다. [5]

여기에서 우리는 유익한 정보를 제공하고, 조언해 주는 사람의 유

5) 『그리스, 인문학의 옴파로스』, 박영규 지음, 함께북스, 참조

무에 따라 잠재력과 능력치를 발견하고, 그로 인한 변화를 촉진시킬 수 있다는 사실을 깨닫게 된다. 더 나은 삶으로 안내하는 친구는 따로 있다는 '멘토의 법칙'을 적용해 볼 수 있다.

내 삶의 가치를 발견하게 하는 진정한 멘토와의 만남은 축복이다. 우리는 학교와 사회에서 큰 스승을 만나기도 하고, 책 속에서 만난 유명 인사나 역사적 인물이 롤 모델이 되기도 한다. 다양한 매체의 등장으로 기호에 따라 검색이 가능한 동영상 사이트에서 멘토를 만날 수도 있다. 이를테면 중대한 선택을 해야 하는 갈림길에서 예기치 않게 터닝 포인트가 제공되는 순간에 멘토의 힘이 발휘되는 것이다.

멘토의 존재는 갑자기 운명적으로 주어지지는 않는다. 멘티 스스로 멘토가 필요해야 하고 주변에서 찾아내야 한다. 인생의 변곡점에 놓일 때 누구나 혼자 결정하기가 어렵다. 그럴 때 나의 부족함도 긍정적으로 인정하면서 가르침을 주는 내비게이션 같은 사람을 찾기 마련이다. 삶의 방향을 제시하거나 같이 나누면서 고민해 주는 사람이라면 더없이 좋다. 어떠한 멘토를 만나든지 그것은 자신의 몫이다.

나는 대학과 몇몇 교육 기관에서 최고경영자 과정을 수료하면서 좋은 사람들을 만났고, 여러 강연을 들으며 멘토를 찾았다. 특히 '데일 카네기 CEO 12주간 과정'에서 들었던 열정적으로 살라는 메시지와 타인을 감동시키는 법은 내게 자극이 되었다.

인간관계를 떠올릴 때마다 상기되는 '타인을 감동시키는 법'은 『육

일약국 갑시다』의 저자 김성오 회장의 강의를 들으면서 더욱 공감하였다. 그가 처음 약국을 운영하면서 사용한 감동 경영법은 놀라웠다. 지금이야 컴퓨터에서 쉽게 확인할 수 있는 정보지만, 당시만 해도 약국을 방문한 고객 이름을 외워 조제 차트를 꺼낸다는 것은 특별한 일이었다. 이름을 기억하는 일은 낯설지 않게 만남을 이어 가는 첫 단추였다.

하물며 학교에서 동료 선후배 교사로서 이루어지는 멘토와 멘티의 만남은 자연스러운 일일 것이다. 새로운 일터이자 교육 현장에서 업무 역량이 필요하다면 멘토에게 다가가야 한다. 그 업무에 숙련된 선배 교사이거나 관리자라면 멘토로서 더 말할 나위가 없다.

비록 멘토의 코칭과 티칭이 적절하지 않더라도 자신을 객관적으로 볼 수 있는 통찰력을 얻을 수 있다. 삶 속에서 멘토를 희망한다면 열린 마음으로 수용하겠다는 자세가 필요하다.

멘토와 멘티가 완벽한 조화를 이루는 것이 아니어서 최선의 멘토를 만났다고 해도 부족한 점이 있기 마련이다. 멘토 자격이 정해져 있는 것도 아니다. 서로 도움을 주고받을 수 있고, 약한 점과 배울 점을 드러낼 수 있다면 어떤 멘토든지 긍정적인 만남이 이루어질 것이다.

다만 일방적으로 좋아하는 사람이나 존경하는 사람이기보다 조금 더 가르침을 주는 사람, 구체적인 영향을 주는 사람, 배울 수 있는 사람이 롤 모델이면 좋겠다.

또한 멘토와 멘티 관계가 새로운 만남으로 이어져 또 다른 누군가에게 멘토가 되어 주면 어떨까. 도움을 준다는 마음 하나로 가능하다.

멘토가 필요한 멘티에게는 중요한 존재로서 가치를 부여받을 것이다. 멘토로서 조언은 미래에 대한 희망을 나누는 일이어서 동료 교사에게 는 큰 힘이 될 수 있다.

멘토와 멘티의 관계는 서로 존중하거나 배려하면서 알뜰히 살펴 야 진정성 있는 조언을 할 수 있다. 김무곤 교수는 네트워크 시대의 성공 요인을 NQ(Network Quotient)라는 개념으로 제시한다.[6]

공존지수인 NQ는 타인과 관계를 맺는 공존의 능력을 의미한다. 남을 배려함으로써 자신과 상대가 함께 성공할 수 있다는 것이다. 21 세기는 이미 개방적이고 합리적인 사고력을 바탕으로 타인을 배려하 는 공존 능력이 어떠한지가 중요해졌다.

멘토의 조언은 막막한 상황에 있는 멘티에게 등불 같다. 하지만 후 배에게 충분히 나누고 싶더라도 후배 교사가 어떻게 받아들일지 몰 라 망설이기도 하고, 반면에 후배 교사는 선배에게 어떻게 도움을 청 해야 할지 막연해한다. 초보 교사의 경우 새로운 교육 현장과 낯선 업 무, 도전할 과제들이 산적해 있어서 당황스럽기만 하다.

이럴 때 소통하는 자세가 중요하다. 때로는 먼저 손 내밀어 돕고자 하고, 부족하고 힘든 상황을 드러내야 한다. 더 나아가 선한 영향력을 발휘하려는 마음가짐이 필요하다.

☺
6) 『NQ로 살아라』, 김무곤 지음, 김영사, 참조

04

우리 학교는 공동 운명체인가

피터의 법칙(The Peter Principle)
능력보다 경력에 따라 조직의 지위가
결정되면서 지위가 올라갈수록 무능한
상태가 드러나는 현상이다.

우리 학교는 협업 문화를 기초로 하되 개방적이며 팀별로 특성화
되어 있다. 교직원들의 업무 연계는 각기 독자성을 가지고 서로 보완
하는 관계이며 교사와 학생의 학급 경영이 원활하게 이루어지는 데
중점을 두고 있다. 일반적인 피라미드 형태의 조직 구조와는 달리 조
금 느슨한 수평적 공동 운명체라고 해야 할 것이다.

신학기가 다가오면 학교의 장기적인 공동 목표 아래 학년별, 학기
별 교육 목표를 정하고, 학습 능력과 교육의 만족도를 어떻게 향상시

킬 것인지를 모색하면서 나아간다. 교과별로 분권화된 교사들은 자율성을 보장받으며, 가능하면 일시적이고 단순한 성과 위주의 교육 방식은 배제하고자 한다.

어떠한 조직이든 다양한 직위와 직분이 있기 마련이고, 학교 조직도 마찬가지다. 교사들은 저마다 교육 철학이 다르고 삶의 정서와 문화가 다르다. 그렇다고 해도 학교의 직위나 직급이 개인의 성향에 맞춰지는 것이 아니어서 때로는 동료에게 보여지는 모습이 자신의 생각과는 차이가 있을 것이다.

지난 시간을 돌이켜 보니 뜻밖의 순발력으로 위기 상황에 처했을 때 위기를 기회로 만드는 교사가 있는가 하면, 교사가 천직이라면서 행복해하다가 교직 2년차에 그만 휴직을 선언하기도 한다.

이런 경우도 있었다. 유난히 청바지를 즐겨 입던 교사였다. 교사로서 기량도 뛰어나고 학생들과의 소통 능력도 탁월했으나 결국 옷차림이 지나치게 자유분방하다는 이유로 학부모들 사이에서 구설수에 오르더니 그만 교실을 떠나고 말았다. 또 학급 경영이나 학습 효과가 뛰어났던 또래 교사는 무척이나 관리자가 되기를 바랐는데 승진 후 평교사 시절을 그리워하기도 했다.

학교장인 나는 매년 신학기를 앞두고 학교 경영 계획에 따라 교육 방향을 설정하고 제안해야 한다. 올해의 학교 경영 목표는 글로벌 경쟁력을 갖춘 유능한 인재 육성이었다. 하위 개념은 지성, 인성, 창의력을 갖춘 꿈이 있는 학생, 교육 전문성과 품위를 갖춘 연구하는 교사,

자녀와 학교를 사랑하고 실천하는 학부모였다. 이를 교직원들과 공유하면서 실천 방향을 모색했다.

전체 교직원 회의에서 학교의 중점 사업이 공유되고, 부서장은 특성에 맞는 업무 계획을 발표한다. 부서별 업무 조율은 서로 협의하여 분담한다. 때로는 실제적인 실천 과제가 학교장은 물론 부서장의 역량에 따라 방향이 바뀌기도 한다.

이처럼 그해 학교 경영 계획과 주요 사업 영역이 결정되면 조직 개편은 물론 업무 분장이 필수적이다. 마침 교직원의 퇴직이나 전출, 휴직이 있기도 하고, 새로 발령 받은 교사가 있다거나 학교의 중점 사업에 필요한 새로운 부서를 만들기도 한다.

이때 교직원 개인 역량과 책임을 조율하면서 적임자를 선임하는 과정에 고민이 있기 마련이다. 무엇보다 위계 조직의 충성도, 학연, 지연, 혈연에 치우치는 선임이 되지 않도록 주의해야 한다. 이러한 문제를 안은 채 조직 관리를 한다면 학교 발전을 기대하기 어렵다.

학교 조직은 관료제(bureaucracy)에 가깝다. 관료제란 가내수공업 형태에서 벗어나던 산업 혁명 이후에 등장한 개념으로 대규모 조직을 효율적으로 운영하기 위한 조직 운영 방식을 의미한다.

학교 조직은 교사-부장-교감-교장의 순으로 서열화하고 있으며 근무 연수와 능력에 따라 호봉제와 함께 승진하는 조직 형태이다. 대부분 학교 업무는 세분화되어 있으며, 의사 결정은 하향식이다. 수평적 회의 문화를 추구하더라도 하향식이라는 말 그대로 위에서 결정한 후 아래에 지시하고 제안하는 경우가 많다. 효율적인 업무 처리를 위해서 대부분 전자 문서에 의해 진행되고 결재 처리한다.

어쩌면 새내기 교사에게 이러한 학교 행정이나 관료제 시스템이 불편하게 다가올지도 모른다. 교내 대회를 개최해도 공문 처리해야 하고, 학교 밖으로 체험 학습을 해도 문서를 통해 결재를 요청해야 한다. 일종의 매뉴얼대로 따르는 것이다.

이러한 업무 처리 방식은 업무가 안정적이고 지속적이며 예측 가능하다는 장점이 있다. 나 역시 이러한 매뉴얼 덕분에 초보 교사 시절에 별다른 실수 없이 업무를 처리할 수 있었다.

교장이라고 해서 학교의 모든 권한을 갖고 있지는 않다. 학교 조직 체계의 운영 면에서 권한 범위 내 임무 수행과 책임이 배분되어 있다. 학교마다 다르지만 우리 학교의 경우 학교장은 학업성적관리위원회, 학교교육과정위원회, 교무위원회, 생명존중위원회 등 주요 위원회의 장으로서 역할과 책임을 동시에 맡는다.

하지만 학교장이라고 해도 권한과 업무의 중요도에 따라 책임의 범위가 제한된다. 학교폭력전담기구, 교원인사위원회, 학생복지위원회, 교원능력개발위원회, 수련활동 및 소규모 테마형 교육여행 활성화위원회, 학교도서관운영위원회 등은 교감이 위원장을 한다. 교장의 독점적 권한과 책임을 교감과 서로 양분하는 이원적인 구조의 형태를 지닌다.

교사는 교무 분장에 따라 행정적인 업무를 수행하지만, 수업권과 수업 활동에 있어서는 자율성이 인정된다. 교사의 독립적 수업권은 관리자에 의해 점검되더라도 교수 학습 활동이나 학문적 전문성은 침해할 수 없다. 교사 간에 수평적 위계질서는 물론 교과별 독립성이 부여되어 있다. 학교의 행정 업무와 수업권이 구분되어 있어 각자의 자율성과 책임이 중요하기 때문이다.

미국의 교육학자 로렌스 피터(Laurence J. Peter)가 공저자 레이몬드 헐(Raymond Hull)과 함께 제시한 '피터의 법칙'은 일종의 경영 이론이다.[7] 경력을 중시하여 승진시킨다면 무능한 구성원이 능력 이상의 역할을 맡아 비효율성을 초래하고, 구성원은 그 승진이 이루어지고 나서야 그가 무능하다는 사실을 비로소 깨닫는다.

그들은 정부 조직, 정치 조직, 산업 조직, 노동조합, 군대 조직, 종교 조직, 교육 조직 등 인간이 만든 어떠한 조직이든지 이 법칙이 지배한다고 했다. 왜 조직에서 승진할수록 무능해지는지 그 이유를 말하고 있는 것이다.

학교 조직 체계는 한 교사가 업무 능력을 인정받으면 승진이 되어 중간 관리자인 부장으로 선임된다. 또 부장으로서 충실하여 교감과 교장으로 승진하고, 최고 관리자 업무를 맡게 된다. 이처럼 자리가 이동되면서 새로운 업무를 수행하다 보면 자신이 추구하던 교육자로서의

---

7) 『피터의 원리』 로렌스 피터·레이몬드 헐 지음, 서유진·나은영 옮김, 21세기북스, 참조

정체성보다 조직의 매뉴얼을 잘 따르는 무능한 관리자가 되고 만다.

유능한 관리자는 직무 수행 능력이나 성과를 중심으로 평가하지만, 무능한 관리자는 조직의 관례에 순응하거나 그때그때 상황에 충성하는 구성원을 승진 대상자로 평가한다. 한편 유능한 사람만 승진하다 보면 구성원들은 차츰 무능한 사람이 되고 만다.

유능한 승진자는 업무 능력에 비해 과다하게 업무가 맡겨지고 그 직책에 맞는 리더십을 갖추지 못하면서 결국 무능해질 수밖에 없다. 어떤 조직이든 이런 현상이 나타나는데도 불구하고 구성원들은 대부분 무능력 단계에 도달할 때까지 승진하려고 한다. 거대 조직일수록 이러한 조직 관리는 비일비재하다.

먼저 자신이 누군지 알아야 한다. 자칫 자신을 이해하고 지지하는 팬덤이 많은 경우에도 자신의 무능함을 직면하기 어렵다. 영국 철학자 버트런드 러셀(Bertrand Russell)은 이 세상의 모든 문제는 멍청한 사람은 자신의 능력에 확신을 갖는 반면, 똑똑한 사람은 자신의 능력에 큰 의혹을 품는다고 했다. 자신의 업무 능력을 제대로 판단하고 지위에 따른 책임을 감당해야 자신은 물론 조직이 발전하는 길을 모색할 수 있다는 것이다.[8]

학교 현장의 관료제는 피터의 법칙에 적용될 만하다. 우리는 이러한 관료적 개인주의를 뿌리치고 공동 운명체라는 학교 경영의 궁극적

8) 『행복의 정복』, 버트런드 러셀 지음, 이순희 옮김, 사회평론, 참조

목표를 추구해야 한다. 인간은 혼자 살아갈 수 없다. 서로 좋은 관계를 맺고 소통하면서 조직을 움직이는 한 사람으로서 존재할 때 그 존재 가치가 빛날 것이다.

05

따뜻한 마음, 슬기로운 교사

> **웨이터의 법칙**
> 당신에게 친절하고 웨이터에게 무례하다면
> 그는 결코 좋은 사람이 아니다.

매년 신학기를 앞두면 그해 학급 학생들의 명렬표를 받는다. 소위 담임 선생님들의 첫 단추이다. 나도 그랬지만 담임으로서 맡겨진 학생들의 이름을 처음 읽어 내려갈 때 설렘 반 두려움 반이다. 그만큼 학급 운영은 교육 철학뿐만 아니라 전문적인 영역이어서 가르침과 배움이 교차되는 지점이다. 그 시간은 긴장할 수밖에 없다. 그래서 '학급 경영'이라고 하는가 보다.

학부모의 자녀 교육 수준도 제각각이고 학교 교육에 대한 관심도 높아져서 저마다 목소리를 가지고 참여하고자 한다. 또한 다양한 교육 목표를 가진 학부모를 만나야 하고, 학생 수십 명을 개인별 특성에 따라 이끌어야 한다. 만약 학부모 면담이 약속되어 있다면 해당 학생에 대한 지속적인 관심과 관찰은 필수이다.

대다수 학부모는 문제를 가지고 학교를 찾는 편이어서 그 발걸음이 무겁다. 보통은 만나는 동안 시선을 보면서 대화하지만, 불편한 심기의 학부모라면 교사는 안중에 없다. 교사와 시선을 마주치려고도 하지 않는다.

그렇더라도 교사는 학부모가 왜 방문했는지 어떤 상황을 말하고자 하는지 관찰해야 하고 따뜻한 마음으로 관심을 가져야 하는 것이 등식이다. 아무리 "함께 해결할 수 있는 문제입니다. 어머니!"라고 하는데 "당신을 보고 싶지 않아요"라는 표정이더라도 인내심을 가져야 한다.[9]

교사라는 자리는 그런 것이다. 교실에서 갈등을 안고 있는 학생이 제대로 성장하려면 학부모와 교사가 반드시 손을 맞잡아야 한다. 이때 학교라는 질서 안에서 학부모 세계를 공감하며 대면해야 한다. 불쑥 학부모의 심리 안으로 두 발 모두 옮겨 놓는다면 낭패를 경험할 수 있다.

그래서 원치 않은 경험이지만, 불합리한 위계질서의 밑바닥에 노

---

9) 『언어의 온도』 이기주 지음, 말글터, 참조

출되는 경험을 하기도 한다. 경험하고 싶지 않았던 밑바닥을 경험한다는 것은 자신을 낮추어 대면하는 법을 체득하는 기회이기도 하다. 뜻밖의 만남이라도 감사하고 조금 더 편안하게 학부모를 안내하게 된다.[10]

교육 사상가이자 실천가 파커 J. 파머(Paker J. Pamer)는 교실에서 어떻게 가르쳐야 한다든지, 또는 학부모를 대면하는 기술을 가지라고 말하지 않는다. 지성과 감성, 영성이 통합되듯이 교사와 학생과 학부모 모두의 시야를 통합적으로 넓혀 주는 인식을 제공한다. 특히 교사의 정체성에 대해 가르침과 배움이 유기적으로 작용할 때 엄정하면서도 따뜻한 가슴을 가진 교사가 될 수 있다고 했다.[11]

우리는 나쁜 교사가 되어서는 안 된다. 인격이나 인품은 표정에서도 드러나는 법이다. 교사의 인격은 하루아침에 무너지는 것이 아니다. 서서히 실금이 생기다가 자신도 모르는 사이 나쁜 교사의 표정을 만들어 낸다. 신학기의 설렘과 두려움이 공존하다가 만약 두려움이 훨씬 커진다면 나쁜 교사라는 위기 경보를 울리는 셈이다.

올바른 가르침은 서로 연계되어 작용하기 마련이다. 그러나 교육 현장에서 만나는 학생이 교사를 두려워하고, 동료 교사와의 소통이 불통이라면 어떠하겠는가. 자신의 내면이 충돌하는 현장은 결국 인격

☺
10) 『질서 너머』, 조던 B. 피터슨 지음, 김한영 옮김, 웅진지식하우스, 참조
11) 『가르칠 수 있는 용기』, 파커 J. 파머 지음, 이종인·이은정 옮김, 한문화, 참조

에 균열을 가져올 수밖에 없다. 정면으로 문제를 해결하기보다 숨어서 해결하려고 해서 문제를 확대하기도 할 것이다. 거짓된 자아 안에서 잘못된 선택이 계속되기 쉽다.

그래서 교육은 따로따로일 수 없다. 교육 이론은 교육 현장에서 실천되어야 하고, 교사 스스로 가르침과 배움이 함께할 때 건강한 교사, 슬기로운 교사로 통합적인 교육을 강조할 수 있다.

소위 전통적인 교육은 엄격한 교실 문화를 강조했고, 교사가 매를 들어도 될 만큼 교사로서의 권위가 지나치게 존중되던 시절도 있었다. 하지만 지금은 다르다. 학생 중심의 교실이라고 해도 과언이 아니다. 교육 현장이 이대로 옳은지 그른지 논란이 되는 지점이기도 하다.

간혹 학부모의 가치관이 왜곡되면서 학교 교육에 대해 과민하게 부정적인 반응을 보일 때도 있다. 언젠가 교무실에서 큰소리가 나길래 지켜보니 자녀의 영어 실력이 뛰어난데 어째서 '영어말하기대회'에서 수상하지 못했냐며 학부모가 불만을 토로하고 있었다.

학부모는 대회 심사가 정당한지 의심스럽다며 대회 담당 선생님과 지나친 언쟁을 벌이고 있었다. 심지어 대회 성적을 공개하라는 등 녹화 영상을 제공하라는 등 하여 담당 교사는 난처하기 그지없었다.

하지만 학부모가 생떼 수준으로 교무실을 난장판으로 만들어도 교장이든 교감이든 함부로 나서서 대응할 수도 없다. 이런 경우는 교감에게 협박 문자를 보낼 만큼 막무가내 학부모였지만 그럴수록 기다려야 한다. 천부당만부당한 말 천지라서 분노하고 싶더라도 교사의 말은 조심스러워야 하고 방어적 자세이면서 동시에 진정성 있게 응대해야 한다. 마음이 흔들린다고 해서 처세하려고 하기보다 일관성 있게 설명해야 한다.

EBS〈지식채널e〉'그 사람의 품격' 편을 시청한 적이 있다. 미국 방위산업체 CEO 빌 스완슨이 정리한 33가지 비즈니스 규칙 중 하나인 '웨이터의 법칙'을 다큐멘터리로 제작해 방영한 내용이었다. 그중 일부를 소개한다.

고급 레스토랑에서 서빙하던 웨이터가 실수로 한 고객에게 와인을 쏟았다. 그 고객은 불같이 화를 내면서 "당신, 미쳤어? 내가 누군지 알아? 여기 지배인 나오라고 해!"라고 말했다. 이 사람과 동석한 사람은 브렌다 반스라는 의류업계의 거물이었다.

의류 비즈니스 계약을 위해 미팅 중이던 브렌다 반스는 그 모습을 보고는 계약을 취소하고 말았다. 웨이터의 실수에 대처하는 모습이 평소의 모습과 지나치게 상반되었다면, 바로 그 모습이 본래의 인격이라는 것이다. 아울러 직장인 55.9%가 서로 폭언이 오가는 원인은 상대방의 언어 습관 때문이라고 응답했다는 설문조사 결과도 있다. 말이 곧 그 사람의 품격이고 인격이라는 것이다.

이 법칙은 당신에게는 친절하고 웨이터에게 무례하다면 그는 결코 좋은 사람이 아니라는 것이며, 만약 웨이터를 함부로 대할 정도라면 비즈니스 파트너로 삼지 말라는 경고 메시지를 담고 있었다.[12]

얼마 전 한 선생님이 이러한 고충을 털어놓았다. 코로나 상황이라서 실시간으로 쌍방향 온라인 수업을 진행하는데, 수업이 끝날 무렵에도 수업 내용을 이해하지 못한 학생이 있었다고 한다.

수업을 마친 후 그 학생을 위해 30분간 일대일 보충 수업을 하고 나서 수업 내용을 물었는데 뜻밖에도 수업 내용과는 상관없는 엉뚱한 답변을 하더란다. 일대일 수업조차 듣지 않았다는 얘기였다.

그뿐만이 아니다. 간혹 언행 문제로 학생을 훈육하려고 상담실에 오라고 하면 이미 떨떠름한 표정으로 마지못해 왔다는 태도를 보이거나 의도적으로 삐딱하게 주저앉는 경우가 있다. 바르게 앉으라고 해도 온갖 핑계를 대면서 꼬박꼬박 대꾸한다.

이럴 때일수록 민감하게 반응하기보다 교사 자신에게 어떻게 대응해야 할지 질문을 던져야 한다. 교사의 마음가짐이 거울처럼 그대로 보이기 때문이다. 혹시 웨이터의 법칙을 자신에게 적용해야 하는 것은 아닌지, 학교장은 교직원을, 교사는 학생을 어떤 마음가짐으로 대하는지 살펴봐야 한다.

상대방이 자신보다 힘없다고 판단하고 있다면 이미 웨이터의 법칙이 적용되는 것이다. 사회적 약자에게 함부로 대하고 있다면 학생들에게 예외가 아닐 것이다. 자기도 모르게 권위적인 태도일 수 있다.

☺
12) 중앙SUNDAY, 2021. 4. 13. 에디터 프리즘 참조

PART 2

성장하는
학급 경영 솔루션

$$T \le \frac{1}{2F} \qquad \int_a^a f(x)dx = 0 \qquad y=f(x+a)$$

$$x_0 = -\frac{b}{2a} \qquad P(A) = \sum P(\omega)$$

$$\int \frac{dx}{x} = \ln|x| + C$$

$$S = \frac{a+a_n}{2}n$$

$$S = v_0 t + \frac{at^2}{2} \qquad \begin{cases} S=2\pi RH \\ V=\pi R^2H \end{cases}$$

$$E=$$

$$+C=0$$

$$x|' = \cos x$$

06

아이들과의 첫 번째 부대낌은 착각

파레토의 법칙(Pareto's law)
전체 원인의 20%가 전체 결과의 80%를
형성한다.

롱테일의 법칙(Long Tail theory)
80%의 사소한 다수가 20%의 핵심
소수보다 뛰어난 가치를 창출한다.

학급 경영은 교사 개인의 문제일 수 없다. 아무리 교사 가치관에서 교육이 출발한다고 하더라도 자신이 어떤 교사인지 끊임없이 확인하면서 시선을 확장해야 한다.

학교장은 아무래도 교육보다 교육 사업에 더 관심이 많다. 그러나 학교 경영도 이정표대로 순차적으로 진행되어야 한다. 어떤 업무든지 아무런 검증과 절차 없이 순서를 바꾼다면 앞선 운전자가 좌측 깜빡이를 켜지 않고 좌회전을 해서 뒤따른 차를 위험에 빠뜨리는 것과 같다. 선행자가 업무 순서와 진행 방향을 잘 확인하면서 나아가지 않으면 안전하게 목적지에 도착할 수 없다.

그렇다면 교사는 어떠해야 하는가. 첫 단추를 잘못 끼우면 마지막 단추는 끼울 구멍이 없다고 한 괴테의 말처럼 진정한 교육은 일의 순서가 잘못되었을 때 문제를 해결할 수 있는 시점, 마일스톤(milestone)을 알아차릴 수 있어야 한다. 그러려면 지속적인 관심과 관찰은 필수이고, 문제 해결을 위해 일의 순서를 바꾸어야 한다면 용기 내어 바꿀 수 있어야 한다.

벌써 시간이 꽤 지난 일이다. 신학기를 앞둔 2월 마지막 주 월요일, 신입생 예비 교육 및 오리엔테이션을 위해 2박 3일 일정으로 충남 대천 임해수련원으로 떠났다. 담임을 맡은 1학년 2반 교실에 모여든 아이들을 만나서 인사를 나누었다.

"나는 김, 종, 갑, 선생님이야."

"와아! 김종갑 선생님~"

학교 운동장엔 대절한 버스들이 줄지어 대기하고 있었다. 버스로 한 시간 반을 달려서 목적지에 도착하였다. 반별 숙소가 정해지고, 우리 반 아이들의 숙소는 5개 방에 학번 순서대로 10명씩 배치되었다. 그런데 정말 어색한 분위기였다. 아이들이 짐 정리를 하느라고 그런지 정적만 가득했다.

저녁에 레크리에이션이 시작되었다. 서로 친해지도록 프로그램이 준비되어 있었다. 같은 반끼리 친구 이름 외우기, 태어난 달이 같은 친구들끼리 모이기. 팀과 팀이 상대방을 서로 소개하기 등등. 아이들이 어찌나 즐거워하는지 그 모습을 바라보는 것만으로도 흐뭇했다.

그러고 나서 이제 삼삼오오 모여 이야기꽃을 피울 거라고 짐작했으나 큰 착각이었다. 급기야 몇몇 아이들은 방을 바꾸겠다고 하는 것이 아닌가. 곤혹스러웠다. 솔로몬의 지혜가 필요했다. 담임을 맡은 아이들과의 첫 번째 부대낌이었다.

나는 각 방 대표 2명씩 10명을 불러 해결 방안을 의논해 보라고 하였다. 하지만 크게 드러내서 언쟁할 이유가 없었는지 티격태격하던 분위기도 어느덧 사그라들었다. 마침 준비된 과자들을 건네주면서 별일이 아니라고 생각했다. 적어도 내 판단은 그랬다.

수련회가 끝나고 한 달이 지났을 때였다. 10명의 대표 학생들에게 과자를 주면서 문제가 해결되었다고 생각한 건 나의 착각이었다. 수련회에서 힘들어하던 지혜와 상담하는 과정에서 좌측 깜빡이를 켜지 않고 운전한 것과 같은 문제를 발견하였다.

내가 미처 헤아리지 못했던 일이었다. 10명에게만 건넨 과자가 말썽이었다. 10명(20%)만 문제를 해결한 꼴이었다. 나머지 40여 명(80%)의 마음을 헤아리지 못했다. 불을 끄고 부스럭거리며 과자를 먹은 아이, 수다 떨다가 잠을 설친 아이, 이런저런 불만이 쌓인 아이 등 문제는 진혀 해결되지 않았던 것이다. '파레토의 법칙'이 생각났다.

이탈리아 경제학자 빌프레도 파레토(Vilfredo Pareto)는 전체 원인의 20%가 전체 결과의 80%를 형성한다고 하였다. 또 자신의 정원에 심어 놓은 완두콩의 80%는 20%의 완두 줄기에서 나온다는 사실을 발견하였다. 이러한 현상을 경제 원리에 적용하여 이탈리아 인구의 20%가 전체 부의 80%를 가지고 있다는 것이 파레토의 법칙이다. [13]

학교나 학급은 20% 학생들이 전체를 이끌어 간다고 해도 과언이 아니다. 학교는 대부분 성과에 집착하여 상위 20% 학생들을 중점 지원하는 심화반을 별도로 운영한다. 우수 대학에 몇 명 합격했는 지가 그 학교 평판의 잣대가 되기 때문이다. 또 수업을 하다 보면 우등생을 중심으로 수업 분위기가 형성되다 보면 나머지 80% 학생들은 어쩔 수 없이 배제되고 만다.

이는 우등생 외 나머지 학생의 자존감에 심한 타격을 준다. 마치

13) 『파레토의 엘리트 순환론』, 빌프레도 파레토 지음, 정헌주 옮김, 간디서원, 참조

공부가 전부인 듯 결과 중심의 가치관과 불필요한 경쟁심을 불러일으킨다. 아이들마다 하나의 인격체로 존중하기보다 성과를 만드는 부속품처럼 보는 것은 아닌지, 더 이상 성적만으로 학습 결과를 평가하는 시간은 끝났다. 오죽하면 행복은 성적순이 아니라는 책이 베스트셀러가 되었겠는가.

파레토의 법칙은 여기에도 적용된다. 학습 능력의 80%는 집중력을 발휘한 20%의 시간에 이루어지며, 수업 내용의 80%를 이해하는 학생 또한 전체 학생수의 20%라는 사실이다. 이러한 법칙은 자칫 승자독식의 불평등한 가치관을 고착화시킬 수 있으나 정치든 경제든 문화든 그 사회의 주류는 상위 20%라는 사실이다.

여기서 중요한 것이 있다. 학급 운영 측면에서 분석한다면 80%의 학생들이 성과에 기여한다는 점이다. 20%의 우등생과 그밖에 80%의 학생들의 공존과 공생이 20%의 가치를 가져온다는 의미이다. 그래서 교사는 20%의 우등생과 80%의 학생들을 지속적으로 균형 있게 참여하도록 지지하고 관찰해야 하며, 시의적절한 상담과 진로 지도를 병행해야 한다.

이를테면 역(逆) 파레토의 법칙이라고도 불리는 '롱테일의 법칙'은 크리스 앤더슨(Chris Anderson)이 주장했는데, 80%의 다수가 20%의 핵심 소수보다 뛰어난 가치를 창출한다는 이론이다.

서점에서 주요 매출을 차지하는 신간 코너의 20%가 베스트셀러이며 출판 흐름을 이끄는 것 같지만 변함없이 독자를 만나는 스테디셀

러와 함께 80%의 책들이 꾸준하게(long tail) 판매되고 있다는 점을 기억해야 한다. 결과적으로 80%의 판매량이 베스트셀러의 총 판매량을 능가한다.

교사는 파레토의 법칙이 말하듯이 학생을 경쟁시키기보다 롱테일의 법칙으로 학급을 이끄는 전향적 태도가 필요하다. 그랬을 때 교사와 학생들 사이에 신뢰를 얻고 학급 운영 성과를 얻을 수 있다. 그것은 80% 학생들의 필요에 관심을 가지고 지지할 때 비로소 가능하다.

파레토의 법칙과 롱테일의 법칙을 동시에 학급 운영에 적용한다면 학생들은 20%에 속하든, 80%에 속하든 구성원으로서 차별 없는 관심과 신뢰 안에서 공동의 가치에 기여할 수 있다.

07

교육의 의미를 발견하고 조합하라

역발상의 법칙(Weird idea that work)
기존의 생각을 과감하게 버리고 역으로 즉
전혀 다른 방향으로 생각할 때 다른 사람이
보지 못하는 길을 볼 수 있다.

어언 30년 교직 생활에서 베테랑이 되어 가고 있다. 교직에 첫발을
들일 때가 대학원을 졸업한 후여서 동료 교사들보다 늦은 출발이었으
나 교직에 대한 열망은 누구보다 두터웠다. 지금 근무지는 내가 두 번
째 발령받은 학교이다.

처음 근무한 학교도 좋지만 지금 근무하는 두 번째 학교는 더 좋
다. 교사로서 최적의 교육 여건을 갖추고 있다. 비교적 우수한 여학생
들이 입학하는 국내 최고의 특성화고등학교일 것이다. 아마 우리 학

교 전통이 말해 주지 않을까 싶다.

　교사 경력 10년쯤 되면서 교사로서 보람과 성취를 얻은 만큼 교육 스킬과 노하우가 갖춰지고 있었고, 학생들 개개인의 꿈과 진로를 적절하게 찾아 주는 길잡이 역할을 하는데 어려움이 없었다.

　그 이듬해, 11년차가 되던 해였다. 대학수학능력시험에 직업 탐구 영역이 처음 도입되던 2005학년도 '상업경제' 출제 위원으로 위촉되었다. 나는 거의 한 달 동안 외부와의 접촉이 금지된 채 감금 생활을 해야 했다. 학교에서도 수능 출제 위원으로 입소하는 데 어려움이 없게 배려해 주어서 그야말로 최적의 시간이 주어졌다.

　그러나 상업경제 교과목을 가르치고 있었지만 출제에 대한 부담은 상당하였다. 경제 관련 전문 지식이 더욱 요구되었다. 출제 능력을 검증하고 평가받는 절차가 있기 때문이다. 그 시간이 지나면 출제 위원은 문항 검토를 마치고 전국 수험 장소에 문제지를 배송하는 동안 여유로운 시간을 가질 수 있었다.

　나는 출제 위원 4명 중 눈여겨보았던 당시 가천길대학 컨벤션산업 관리과 정 교수의 프로필을 기억하면서 해당 과가 어떤 학과인지 알고 싶었다. 출제 기간을 끝내고 학교에 복귀한 이후에도 전국 컨벤션 산업 관련 학과에 대해 관심을 멈출 수 없었다. 국내 대학교에는 경희대학교에 컨벤션경영학과가 있었고, 한림대학교 대학원에 전시컨벤션학과가 전부였다.

　컨벤션 산업은 서울시의 5대 육성 산업으로 여성 인력 비중이 높

은 고부가 가치의 융복합 산업이다. 한마디로 블루 오션(Blue Ocean)이
었다. 국내 고등학교에는 컨벤션학과가 없기에 내게는 컨벤션 기초
인력 양성이 매력적인 교육 목표로 다가왔다. 컨벤션의 희소성과 가
능성이 교차했고, 충분한 연구 자료가 필요했다. 나는 좀더 적극적으
로 전국 특성화고등학교를 찾아다니며 조사하였다.

　당시 상업계고등학교는 전문계여서 신입생 모집이 어려운 시기였
고 특성화고등학교 전환의 과도기였다. 서울의 몇몇 고등학교는 특
성화고등학교로 변모하고 있었고, 우리 학교도 혁신에 필요한 특성화
아이템을 찾는 중이었다.

　나는 마침내 교장 선생님께 컨벤션 산업을 학교 특성화 아이템으
로 제안하게 되었다. 학교가 발전해야 나도 발전한다는 신념이었다.
학교는 전통적인 상업계고등학교로서 미래 교육을 향한 변화가 절실
한 상황이었다. 학교 혁신은 교사 수급 조정은 물론 여학생들의 진로
학습과도 연결되는 총체적인 구조 조정이 요구되었다.

　드디어 교육의 수요 공급자인 학교 법인, 교사, 학생, 학부모, 동창
회 등의 동의서 및 지역 사회 유지인 국회의원, 시의원, 대학교수, 구
청장, 동장, 협회 등의 추천서를 받아 컨벤션고등학교 설립 추진을 위
한 첫걸음을 내딛었다.

　그동안 학교 체제와 함께 국제회의(컨벤션) 산업, 전시 산업, 이벤트
산업을 융복합하는 특성화고등학교 모델이 필요했다. 컨벤션 산업은
관광 산업의 꽃으로 외국어 교육이 필수적 요소이다. 융복합 교육 과

정은 인문 교과+상업+컨벤션+외국어가 중점 교육 목표였다.

융복합화는 어떤 현상을 마치 레고 블럭을 조립하듯이 창의적 발상으로 새로운 형태를 재창조하는 작업이다. 학교 현장에서 가능한 융복합화 분야는 학습 공간, 하이브리드 수업, 교과 간 통합 수업 등 무궁무진했다.

먼저 서울시 교육청의 허가 절차를 위해 컨벤션 특성화고등학교 설립을 위한 예비 계획서를 제출하였다. 그러나 '컨벤션'이 생소한 데다 시기상조로 보았는지 냉소적이고 부정적이었다. 이미 다각도로 준비하고 연구 조사한 결과를 가지고 있었던 나는 쉽게 포기할 수 없었다.

특성화 추진의 대안이 필요했고, 서울시 컨벤션 인력 양성 정책에 더 깊이 관심을 가지고 움직였다. 서울 시청에 직접 찾아가서 서울시의 컨벤션 인력 양성 사업의 유형과 방향을 캐물으며 컨벤션 산업 분야의 특성화고 설립의 필요성을 주장하였다.

다행히 서울 시청 컨벤션 산업 담당자 김 팀장에게 우리 학교 설립 아이템이 혁신적이고 고무적이라는 평가를 얻었다. 서울 시청 측은 교육청에서 설립을 허가하지 않을 경우 공문을 보내 행정적, 재정적 지원을 하기로 약속하였다.

이제 우리 학교 특성화 사업 추진은 오롯이 내 몫이었다. 특성화 사업 추진의 핵심은 역발상이었다. 교육청의 부정적 견해를 수용하고 포기했더라면 오늘날 컨벤션고등학교는 탄생하지 않았을 것이다.

특성화고등학교 설립 추진 계획서를 교육청에 제출하고 브리핑을 한 지 3개월 후에 마침내 전국 최초 해성국제컨벤션고등학교[14]가 탄생하였다. 이후 2006년 컨벤션영어과를 우선 도입하고, 2007년부터 교명으로 사용하게 되었다.

세상은 아바타로서 활약할 수 있는 메타버스[15]를 말할 만큼 바뀌어 있다. 정보에 가깝게 있으면서 변화에 적절히 대응하는 것이 혁신이다. 때로는 상품의 가장 핵심 재료를 제거하기도 하고, 발상의 전환을 통해 혁신에 성공한다. 예를 들면 커피에서 카페인을 뺀 디카페인 커피가 있고, 캔디의 단맛인 설탕을 뺀 무설탕 캔디가 있다. 핵심 재료를 없앤다는 역발상 결과이다.

엘리아스 하우(Elias Howe)는 재봉틀 발명자이다. 불구자인 그는 아내가 밤새워 삯바느질 하는 것이 안타까워 재봉틀 발명을 결심하였으나 쉽지 않았다. 하루는 꿈에 아프리카 토인에게 붙잡혀 죽는 장면에서 창에 큰 구멍이 뚫려 있는 것을 보고 바늘에 큰 구멍을 뚫음으로써 발명에 성공할 수 있었다.

역발상의 대표격인 뮤지컬 〈캐츠(Cats)〉를 보라. 누구도 상상하지 못했던 인간 고양이들을 등장시킨 것이다. 뮤지컬 역사상 이처럼 오랫동안 역대급 찬사를 받는 작품도 드물 것이다.

☺

14) 해성국제컨벤션고등학교 홈페이지 www.haesung.hs.kr
15) Metaverse : 가상 현실인 메타(Meta)와 현실 세계인 유니버스(Universe)의 합성어

역발상이 혁신의 시작이라고 주장한 스탠퍼드대 경영학과 로버트 서튼(Robert I. Sutton) 교수는 기업이나 조직이 영속하기 위해서는 끊임없이 혁신이 필요하다고 했다.

그는 데자부(De ja vu)를 거꾸로 해서 새로운 단어 '부자데(Vu ja de)'를 만들었다. 익숙한 것을 낯설게 느낀다는 의미의 부자데를 통해서 창의력이 생긴다고 했다. 과거의 연장선상에서 사물이나 기존에 가지고 있던 생각을 거꾸로 전환하는 것을 말한다. 이것이 '역발상의 법칙' 이다.[16] 역발상은 변화의 에너지이다.

팬데믹을 계기로 교육 방법이 빠르게 변모하고 있다. 학교 교육의 혁신적 변화가 불가피하다. 역발상은 완전히 새로운 아이디어를 말하는 것이 아니다. 공정 교육, 책임 교육, 맥락 교육 등을 통한 새로운 형태의 역발상적 교육적 접근 방식이다. 마찬가지로 교사 역할과 교수법의 변화가 불가피하다.

온택트 시대의 하이브리드 수업이 이루어져야 하고, 창의력의 동기 부여와 함께 자율성이 주어져야 하는 시대를 맞이한 것이다. 기존의 수업 방식을 새로운 시각에서 새로운 방법으로 시도하는 전향적 발상이 미래 교육의 플랫폼일 것이다.

지난 100년간 가장 창의적이고 통찰력이 있는 인물로 꼽히는 애플

---

16) 『역발상의 법칙』 로버트 서튼 지음, 오성호 옮김, 황금가지, 참조

의 스티브 잡스는 역발상 배경에 대해 기자가 묻자, "나는 결코 새로운 뭔가를 발명한 적이 없다. 밖으로 나가 끊임없이 뭔가를 찾고(Search), 의미 있는 것이 발견(Discover)되면, 그것들을 조합(Combine)하려 했을 뿐이다."라고 답변했다.

08

먼저 들어야 말을 잘할 수 있다

> **대화의 321 법칙**
> 3분간 상대방의 말을 경청하고, 2분간 맞장구쳐 주고, 1분간 말을 하라.

수년 전 봄날이었다. 어린이대공원에서 사생대회가 있었는데, 아침 9시가 되자 학급 학생들이 대공원 정문으로 모여들었다. 많은 사람이 붐비는 터라 먼저 오는 아이들부터 인원 파악을 하는 대로 입장을 하기로 했다. 여기저기 이름 부르는 소리가 들리고, 미처 오지 못한 학생들이 체크되었다.

누군가를 기다리는 몇몇 학생들도 왜 안 오냐며 자기들끼리 수군거렸다. 얼마쯤 지났을까. 저쪽에서 서둘러 달려오는 학생이 있었는데 수빈이었다. 약속 시간보다 20분이나 늦었고, 친구들은 그런 수빈이가 불만스럽다는 듯 비아냥거렸다.

"야! 무슨 옷차림이 그 모양이야?"

먼저 말한 건 정민이었다. 교복을 입었을 때와는 사뭇 달라 보이는 수빈이였다. 지각한 것에 대한 불만을 말하지 못하고 옷차림에 대해 시비를 거는 것 같았다. 이번에는 나란히 서 있던 아름이가 거들었다.

"야! 왜 아무 말 안 해. 우릴 무시하냐? 사과해! 금쪽 같은 시간인데 짜증이 나겠어, 안 나겠어?"

빠질 수 없다는 듯 다정이가 더 큰소리로 떠들었다.

"왜 말도 없이 늦는 거야? 뭐 했어? 너 때문에 이게 뭐냐!"

"아이구, 이럴 때일수록 일찍일찍 좀 다녀야지. 그래 가지고 뭐가 되겠니? 왜 말은 안 하고 쳐다보기만 하는 거야?"

계속해서 미정이까지 합세해서 한마디 더 거들었다. 모두 같은 조 친구들이었다. 수빈이는 친구들에게 미안한 마음에 고개를 푹 숙였고, 한동안 침묵이 흘렀다.

"애들아!~ 정말 미안해!"

수빈이는 그렇지 않아도 종종 지각하는 편이었다. 그런데 이번에는 달랐다. 수빈이 손엔 원고지와 도화지가 들려 있었다. 나중에 지각 사유를 들어 보니 어린이대공원 근처 문구점을 찾다가 세종대학교 교내까지 들어가는 바람에 늦었던 것이다. 친구들의 원고지와 도화지를 준비하다가 늦었으니 이 상황에 무슨 말이 나오겠는가. 다행히 수빈이가 준비해 온 원고지와 도화지 덕분에 잘 화해가 되었다. 하지만 수빈이는 친구들을 향한 마음 씀씀이는 아랑곳없이 별별 좋지 않은 소리를 들어야 했다.

아마 지각한 이유를 알게 된 친구들도 내심 민망했을 것이다. 먼저 왜 늦었는지 물었으면 좋았을 텐데 아쉬운 부분이다. 수진이 역시 얼른 친구들에게 미안하다고 하면서 자초지종을 말했으면 어땠을까. 실제로 칭찬받을 만한 일이었다. 수빈이와 친구들은 더 이상 불필요한 감정싸움을 하지 않았고, 그 상황은 잘 종료되었다.

미국의 마이크로소프트 설립자 빌 게이츠(Bill Gates)는 세계 최고의 부자로 유명하다. 또한 그는 말을 잘하기로도 유명하다. 대화할 때 상대방의 말을 잘 경청하기 때문이라고 한다. 말을 잘 들어주고 맞장구쳐 줄 때 대화가 진전되고 친근한 관계로 발전될 수 있다.

그의 대화법은 'Really?(정말이에요?), Excellent!(정말 훌륭합니다.), And then what happens?(그래서 어떻게 되었나요?)'라고 한다.

대화에는 321 법칙이 있다. 3분간 상대방의 말을 경청하고, 2분간 맞장구쳐 주고, 1분간 말을 하라는 것이다. 1분간 내가 이야기했다면 2분간 상대방의 이야기를 들어주고 그 시간 동안 세 번 이상 눈을 맞춰서 공감하라는 것이다.

말이 많은 사람과 말을 잘하는 사람이 있다. 여러 사람과 대화를 나누는 경우 자기 말만 계속하는 사람이 있다. 또 다른 사람의 말에 끼어들어 자기가 주도하려는 사람도 있다. 반면 들어주는 사람도 있다.

때로는 그 사정을 들어주는 것만으로도 위안이 된다. 두 번 듣고, 세 번 공감하는 마음의 자세가 소통과 화합의 열쇠이기도 하다. 공감적 경청(attentive listening)은 상대방이 말을 할 때 적극적인 반응을 보이고, 상대방 입장에서 함께 생각하고 이해하는 것이다.

이것을 학교에 대입해 보자. 이제 막 교실로 들어오는 학생을 어떻게 대할 것인가. 등교 시간에 유난히 표정이 어둡다면 어떻게 할 것인가. "오늘 기분이 좀 나쁘구나?", "기분이 왜 그런지 얘기해 주겠니?" 등의 질문하면서 다가가면 좋겠다. 또는 "말 못할 사정이 있구나. 지금 힘들지?", "나중에 말해 줘도 괜찮아."라고 하면서 대화로 이끌 수 있을 것이다.

신학기라서 서로 낯설더라도 마찬가지다. 기분이 어떠냐고 물어도 아무 대답이 없다면 다그쳐서는 안 된다. 대답하지 않아도 괜찮다거나 나중에 말해도 된다고 해 줄 필요가 있다. 그렇지 않아도 지각해서 조마조마한데 "맨날 지각이야. 쯧쯧"이라고 했다면 반성보다 반감이 깃든다. "맨날 지각? 지난달에 네 번, 이번 달에 두 번 지각했는데 맨날 지각이라니!"라고 대들고 싶을지도 모른다.

학생들끼리 다툴 때도 곧바로 교사가 개입하는 것이 옳은지 숙고해야 한다. 상황 파악에 급급하거나 교사가 주도해서 결론을 내린다면 2차적인 문제가 발생할 수도 있다. 보다 바람직한 방법은 다툰 아이들에게 질문하는 것이다. 이럴 때 대화법이 중요하다. 대뜸 "너 화 났어?", "지금 속상해?"라고 물었는데 학생이 아니라고 대답했다면 대화는 그대로 멈추고 만다. 그렇다면 어떻게 할 것인가.

심리상담의 권위자 존 앨런(John Allen) 박사는 고통스러운 경험을 한 사람들의 외상을 치유하기 위해서는 정서를 억누르기보다 더 많이 느끼고 표현하며 계발해야 한다고 말한다. 사춘기의 아이들은 특히 자신의 상태를 객관적으로 균형 있게 드러내지 못한다. 감정에 따라 과잉 표현하거나 생각과는 다른 말을 하기도 한다. 그래서 교사로서 학생의 말을 들어주는 일에 끈기가 필요하다. 기다리면서 경청해야 공감할 수 있다.

커뮤니케이션 방법 중 '나 전달법(I-Message)'과 '너 전달법(You-message)'이 있다. 이는 심리학자 토머스 고든(Thomas Gordon)이 어린이 놀이 치료를 하면서 만든 용어다.[17]

나 전달법은 자기 표현을 함으로써 어떠한 상황에 놓이고 어떻게 영향받았는지를 상대방에게 전달할 뿐 아니라 말하는 자신도 상황을 차분히 정리할 수 있다. 나 전달법은 진정성 있게 의사 표현하는 방법으로 인정되고 있으며 건강하게 감정을 표현할 수 있다. 느낌이나 감정이 모두 자신에게 비롯되었음을 알고 그 책임을 진다는 의미이다.

☺

17) Gordon, Thomas. Origins of the Gordon Model. Gordon Training International. Retrieved on: 2012-01-17. 참조

따라서 나 전달법을 활용하면 상대방에게 마음을 잘 전할 수 있다. 예를 들어 '이 문제를 의논하러 와서 참 좋구나', '내 얘기에 아무런 반응 없이 쳐다만 보니까 무시당하는 기분이야', '내 생각엔 공부도 하면서 영화도 보면 좋겠구나', '나는 네가 약속 시간에 늦게 와서 기분이 별로야'와 같이 감정을 표현하는 것이다.

반면에 너 전달법은 상대방을 '너'라고 하면서 명령하거나 비난하거나 판단하게 된다. 즉 상대방을 화나게 하고 자신의 감정을 떠넘길 수 있다. 같은 말이라도 억양을 조금만 다르게 해도 상대방은 핀잔을 듣거나 훈계를 듣는 기분이 된다. 그렇다면 관계가 더 나빠질 것이다. 어느 한 사람이라도 불안하게 의사를 표현하는 상황일수록 대화의 321 법칙을 기억하는 것이 좋다.

교사는 학생들이 모두 자신의 이야기를 잘 들어주기를 기대하지만 그렇지 않다. 가끔 학생들에게 수업 내용을 정리하여 발표하도록 했을 때 저마다 내용을 다르게 발표하는 것을 보면 알 수 있다. 전혀 다르게 발표하는 경우를 보면 웃음이 나올 정도다. 말하기의 첫 단계는 경청이라는 것을 확인할 수 있다.

09

아차, 무결석 명예가 깨지다니!

교실에서 등교하는 학생들에게 인사를 나누면서 하루를 시작한다. 담임이 교실에서 반갑게 맞이하면 아무래도 선생님이 기다린다는 생각에 좀 더 일찍 오려는 학생들이 많다.

"어이쿠, 숨소리가 여기까지 들립니다."

교실에 헐레벌떡 들어오는 학생에게 먼저 마음으로 반긴다. 지선이는 경기도 양주에서 대중교통으로 거의 두 시간 거리를 통학하고 있었다. 학급 지각이 잦은 편이었지만, 학교 결석 한 번 하지 않는 출결 모범 학생이었다.

"선생님! 5분이나 늦었어요. 내일은 집에서 더 일찍 출발하겠습니다." 지선이는 묻기도 전에 보고하듯 말하고 자리에 앉는다. 밝고 맑고 씩씩하다. 이 경우 지각이더라도 괜찮다고 말해 주고 싶다. 그밖에 매일 관심을 가져야 하는 학생들의 출결 관리는 신경을 날카롭게 한다.

출결 관리는 유독 선생님의 의지대로 되지 않는다. 1년 내내 학생들이 건강해야 하고, 아이들의 가정 환경이 어떤지도 영향을 받는다. 하루아침에 이사를 해서 학생 소식을 뒤늦게 알기도 한다. 학급 전체 학생이 대상이다 보니 어쩔 수 없는 상황은 더 많이 존재하기 마련이다. 그러나 통계로 볼 때 출결 상황에 깊이 관심을 두는 학생은 학급의 10% 정도이다. 나머지 90%의 학생은 지각은 커녕 결석도 하지 않는다.

초보 교사 시절, 1학년 3반 담임을 할 때다. 학급의 대동단결이 돋보이던 10월 경이었다. 10월이면 학생들도 이미 학급이 무결석 반이라는 명예를 얻을 것인지 가늠하게 된다. 결승점이 보이는 마라토너처럼 서로 조심하고 결석하지 않으려고 노력한다.

그런데 그날따라 교실이 소란스러웠다. 누군가 학교에 오지 못한다는 소식이었다. 당시 서태지와 아이들 4집 앨범 발표와 함께 〈Come Back Home〉, 〈필승〉이 인기 차트 순위를 차지하고 있었다. 우리 반 미순이는 다른 반 친구들과 함께 공연장으로 갔고, 그로 인해 우리 반은 무결석 반의 명예를 포기하고 말았다. 얼마나 얄미웠던지.

초보 교사로서 아이들의 마음을 이해하려고 부단히 노력하던 시절에 겪은 첫 좌절이었다.

2학년 5반 담임일 때는 이런 일도 있었다. 12월 말까지 무결석 반이라는 기대감에 부풀어 있었는데 막바지인 2월에 수진이에게 불의의 교통사고가 일어나 병원에 입원하게 되었다. 무결석 반 기록은 아쉽게 무너질 수밖에 없었다.

그러나 학생들이 이대로 포기할 수 없다고 아우성이었다. 3일만 무사히 지나면 무결석의 명예를 얻을 수 있다! 2월 5일이 개학이고, 2월은 학기말 마무리 시간이어서 개학식과 졸업식, 종업식이 있는 3일만 출석하면 되는 상황이었다.

며칠 후 수진이가 전화를 했다. 우리 반 무결석 기록을 깨트릴 수 없다면서 선생님께서 데리러 와 달라고 부탁하는 것이 아닌가. 나는 아이들의 극성 덕분에 사흘 동안 다리를 다친 수진이와 함께 등교하는 추억을 만들었고, 그해 무결석 반의 명예를 누릴 수 있었다.

이처럼 단결하는 무결석 반의 명예를 위해 새 학기가 되면 선생님과 학생들이 필승을 다짐하며 "다 함께 힘차게 무결석 합시다"라고 크게 파이팅을 외친다. 어느 해는 새 학기 첫날에 한 학생이 아예 학교에 오지 않아 무결석 반을 포기하면서 시작되어 힘들었지만 그런 일은 또다시 일어나지 않았다.

요즘도 학기 말에 무결석 학급 시상을 하는데, 한 학년에 한두 반 정도가 무결석 반이다. 무결석 반은 말 그대로 1년 동안 학급의 누구도 결석하지 않아야 주어지는데, 이 같은 결석 기록은 참으로 쉽지 않은 일이다. 선생님의 관심과 격려도 필요하지만 무엇보다 학생들의 노력과 단결이 있어야 가능하다. 게다가 피치 못한 일이 일어나지 말아야 한다.

타임지 선정 가장 영향력 있는 미국인 25명 중 한 사람인 스티븐 코비(Stephen R. Covey) 박사는 인생을 바꾸는 '90대 10의 법칙'을 주장하였다. 인생의 10%는 자신에게 일어나는 사건들로 결정되고 나머지 90%는 자신이 그 사건에 어떻게 반응하느냐에 따라 결정된다는 것이다.[18]

인생에서 일어나는 10%의 사건은 전혀 통제 불가능한 일일 수 있다. 예를 들어 아주 중요한 약속 장소로 가는 도중 자동차 연쇄 추돌 사고로 도로 전체가 정체 중이라면 아무리 중요한 약속이라고 해도 어쩔 도리가 없다. 이런 경우 어떻게 반응할 것인가. 그 반응에 따라 결과는 달라진다.

종종 도로에서 느닷없는 차량 정체로 인해 약속이 엉망진창이 되거나, 집중 호우로 순식간에 산사태가 일어나는 지점을 지나가게 되었을 때 아연실색할 수밖에 없다. 이러한 경우는 내가 조절할 수 없는 10%에 해당하는 불가항력적인 상황이다. 그러나 나머지 90%는 내가

18) 『스티븐 코비에게 배우는 효과적인 삶』, 스티븐 코비 지음, 방영호 옮김, 알파미디어, 참조

만들어 가야 한다.

무결석 반의 명예를 위해 파이팅을 외치지만 매번 지각하는 학생이 있다면 어떻게 할 것인가. 다른 학생들에게 미치는 영향이 클 것을 우려해서 미리 엄중하게 학급 학생들을 단속할 수도 있고, 한 아이가 매번 지각하는 이유를 이해하고 훈육하는 데 애쓸 수도 있다.

어떤 이유로든 학생의 지각을 교사가 통제하기는 어렵다. 그러나 교사가 학생에게 보인 반응에 따라 그날 학습 분위기는 엉망이 되기도 하고, 교사의 하루도 마찬가지일 것이다. 교사의 잘못된 반응으로 학생은 물론이고 교사 자신이 스트레스를 받는다.

왜 오늘 하루가 엉망이 되었는가를 생각해 보면 학생의 지각 때문일 수도 있고, 교사의 훈육 방식 탓일 수도 있다. 아니면 그렇지 않아도 불쾌한데 옆에 있는 선생님이 가중시킬 수도 있다. 그러나 이 모든 것이 바로 나 자신의 반응 때문이다.

학생이 지각한 것은 어쩔 수 없는 일이다. 교사 자신이 조정할 수 있고 대처할 수 있어야 한다. 학급 분위기는 만들어 가는 것이다. 언제나 부딪힐 수 있는 어쩔 수 없는 10%의 현상을 나머지 통제 가능한 90%로 환원하는 것이 더 중요하다. 어쩔 수 없이 일어나는 10%의 현상을 받아들이면서 나머지 90%를 조정할 수 있도록 반응해야 한다. 나의 침착하고 현명한 반응에 따라 상황이 바뀐다.

10

오늘은 만우절, April Fool's Day!

> **고단수의 법칙**
> 결코 있지 않을 듯한 곳을 먼저 찾아라.

만우절이었다. 새 학기가 한 달이 지나고, 어느덧 학생들은 친근한 사이가 되어 짓궂은 농담을 시작할 무렵이다. 그래서 만우절은 친구 관계를 개선하기에 아주 좋은 날이다. 학생들은 선생님들이 모르게 함정에 빠뜨릴 계획을 세우느라 키득거리기 일쑤였고 수업보다 훨씬 더 재미있어 하며 웃음꽃이 만발이다. 기상천외한 아이디어를 시도하다가 선생님에게 들켜 어이없는 불발로 끝나기도 한다.

만우절 기원은 다양한 설이 있으나 중세 유럽에서 유래되었다는 설이 설득력이 있다. 16세기 유럽은 1년의 시작인 부활절이 3월 25일에서 4월 20일까지여서 해마다 달랐다. 그러던 중에 프랑스 왕 샤를 9세는 그레고리력을 수용하여 새해 시작을 1564년 1월 1일로 선포하였다.

이에 반발하여 많은 사람이 '거짓 새해'가 되어 버린 4월 1일을 경축하고 기념하면서 APRIL FOOL(만우절)이라고 하였고, 가까운 사람들끼리 가벼운 농담인 거짓말을 하면서 서로 웃기고 웃자는 만인(萬人) 바보의 날이 되었다. 그래서 만우절을 '에이프릴 풀스 데이(April Fool's Day)'라고도 하지만 '올 풀스 데이(All Fool's Day)'라고도 한다. 프랑스에서는 만우절에 속는 사람들을 '4월의 고등어'라는 뜻의 푸아송 다브릴 (Poisson d'avril)이라고 불렀는데 당시 고등어가 4월에 잘 낚인다는 말에서 유래되었다.

만우절! 아침부터 교실마다 떠들썩하고 왁자지껄하는 소리가 교무실까지 들린다. 어떤 계략을 세워서 반전 즐거움을 주려나 상상하면서 교실로 올라간다. 처음에는 얼떨결에 학생들에게 깜짝 속기도 하고, 조심스럽게 속아 주는 척하기도 했다.

하지만 나는 이미 몇 차례 만우절 해프닝을 당한 경험으로 고단수가 되어 있었다. 어지간한 장난에는 아랑곳하지 않아서 오히려 학생들의 호기심을 불러일으키기도 한다. 학생들은 고학년과 저학년의 같은 반끼리 교실 자리 바꾸기, 옆 반 학생들과 자리 바꾸기, 이름표 바꿔 달기, 선생님에게 사랑 고백하기, 출석부에 놀랄 만한 고백 적어 놓기, 몰래카메라 등 별별 작전을 꾸민다.

교사가 학생들과 함께 속임수를 준비하는 것도 흥미진진하다. 먼저 교사가 선수를 쳐야 해서 그 장면만으로도 아이들은 웃음을 참기 어렵다. 한번은 우리 반 은미! 특별한 웃음을 자아내게 하는 수업 분위기 텐션메이커 은미를 속이기로 했다. 사전에 상담 선생님과 계획을 세워 놓았다.

나는 교실에 들어서자마자 심각한 표정으로 은미에게 상담실 선생님이 찾는다고 하면서 얼른 다녀오라고 하였다. 은미가 교실에서 나가고 나서 아이들과 긴급 속임수 작전을 펼쳤다. 은미를 완전히 속이기 위한 모의를 시작한 것이다. 학급회장과 부회장은 복도에서 무릎을 꿇고 머리에 손을 얹고 벌 받는 포즈를 취하고, 나머지 학생들은 제자리에서 눈을 감은 채 머리 위로 손을 올리고 있기로 했다.

얼마 후 은미가 돌아왔고, 벌 받는 포즈의 학급 회장이 은미에게 수업 시간에 떠들어 선생님이 몹시 화가 났다고 귀띔을 한다. 잔뜩 어두운 표정의 은미는 조심스럽게 자기 자리로 가더니 머리 위로 팔을 올리고 벌서는 자세를 했다.

이후 나는 슬그머니 은미에게 다가가서 버럭 소리를 지르듯 "상담 선생님이 왜 불렀어? 무슨 잘못을 한 건가?"라고 하자 반쯤 넋이 나간 은미는 겁먹은 채 눈망울만 커졌다. 아이들의 킥킥거리는 웃음소리가 들려왔지만 눈치채지 못했다.

슬그머니 은미에게 다가간 나는 "오늘이 무슨 날인지?"라고 하자 아이들이 먼저 "만우절이요"라고 외치면서 자지러지게 웃었다. 잠시 어리둥절하던 은미는 속아 넘어간 사실을 알아차렸고, 교실은 금세 웃음바다가 되었다.

언젠가 이런 일도 있었다. 졸업생을 전학생으로 둔갑시켜 소개하는 시간을 마련한 것이다. 지안이가 그 주인공이었다. 고등학교 때의 교복을 입은 지안이는 아이들을 어떻게 속일지 궁리했다. 대학생이 된 지안이가 교복을 입어서 어쩐지 어색했지만, 시치미를 뚝 떼고 전학생 연기를 하기 시작했다. 아이들은 고개를 갸우뚱거렸지만 전학생을 큰 박수로 환영했다. 자기소개를 끝낸 지안이가 빈자리에 앉자, 하나 둘 다가간 아이들이 인사를 나누었다.

나는 다시 지안이를 교탁으로 불러냈고 어느 학교에서 전학왔느냐고 묻자 "네~ 선생님, 저는 만우절고등학교 다니다가 왔습니다."라고 큰소리로 말하고 나서야 아이들은 폭소를 터트렸다. 감쪽같이 속아 넘어간 사실이 믿기지 않는 듯했고, 아이들은 책상을 치며 한바탕 웃음바다가 되었다. 이어진 지안이의 멋진 대학 생활 이야기는 만우절의 별미였다.

아이들과 교사 사이에 훈훈한 거짓말이 통하는 이날만큼은 학생들의 기발한 작전에 적당히 속아 넘어가는 것도 좋다. 그동안 부족했던 아이들과의 관계를 개선하는 시간이기도 하니까. 또 교사가 선제 공략을 하는 재미도 크다. 아이들이 미처 생각하지 못할 때 더 큰 재미를 선물한다. 이때는 결코 있지 않을 듯한 곳을 먼저 찾으라는 '고단수의 법칙'을 적용하면 된다.

거짓말을 하지 말아야 한다는 것은 교육적으로 두말할 필요도 없다. 그러나 만우절의 이벤트, 악의 없는 거짓말이 웃음을 선물했다면 멋진 이벤트이다. 학급의 분위기를 즐겁게 바꾸는 계기가 될 수도 있다. 잘 활용하면 학급 운영에 도움이 되고, 서먹서먹한 관계가 개선되는 효과를 만들어 줄 수도 있다.

학교생활에서 위트나 유머는 재미나게 지낼 수 있는 슬기로움이다. 학기 초에 어색한 관계가 개선되어 나머지 학교생활의 윤활유 역할을 하게 된다.

이런 기회를 잘 살려 학생들과 좋은 관계를 형성하자. 학생들과 소통이 잘된다고 생각할 수 있지만, 학생들은 그렇지 않을 수 있다. 교사로서 칭찬과 격려도 중요하지만 친밀한 관계에서 신뢰와 유대감이 형성되는 것이 바탕이 되어야 한다.

우선 학생이 교실에 들어올 때 어떻게 마주할 것인가. 조회 시간에 학급에서 만나는 학생들의 감정을 읽어 보는 것도 필요하다. 이는 사소한 행동이겠으나 좋은 관계를 유지하는 데 큰 효과가 있다. 특히 학생마다 이름을 기억해서 불러 주는 것은 의미가 있다. 일대일 관심을 표명하기에 가장 이상적이다. 학생의 이름을 불러 주었을 때 그 아이는 선생님과의 거리가 가깝다고 느끼고, 개인적인 관심을 받았다고 생각하게 된다.

또한 학생들 개인의 인격을 존중해 주어야 한다. 학생들에게 같은 표현을 하더라도 권유하는 말을 하거나, 존대어를 쓸 때 선생님을 존경하게 된다. 학생들과 좋은 관계를 유지하려면 고함을 지르거나 소리치는 것은 절대 안 된다. 떠들더라도 가까이 다가가서 눈을 마주하면 수업에 참여하지 않는 학생도 관심을 가질 수 있다.

특히 학생들에게 학교라는 공동체 속에 자신이 소속되어 있음을 알게 해 주는 것이 무엇보다 중요하다. 왕따를 당하는 학생은 학교에 대한 소속감을 느끼지 못하는 경우가 대부분이다. 학생들이 소속감을 가질 수 있도록 생각하는 관점을 급우들 간의 관계 개선으로 바꿔줘야 한다. 새로운 관계 개선을 도모하고 자신의 안전지대를 확장함으로써 학교라는 공동체 생활에 적응할 수 있다.

그러고 나서 학생들에게 행복의 방향을 제시해 주어야 한다. 안전지대를 확장한다고 학생들이 저절로 행복을 찾을 수는 없다. 주위 사람들과의 관계 개선을 통하여 능동적으로 바라보는 시각을 만듦으로써 행복에 이를 수 있다. 내 옆에 있는 사람과 행복한 관계를 만들기 위해서는 그 사람의 말을 잘 경청해 주어야 한다. 지금 내가 마주하고 있는 학생에게 그 정도의 작은 친절을 베풀고, 먼저 상대방에게 다가가서 온화한 미소를 보여주어야 한다.

톨스토이는 3가지의 행복 조건을 이렇게 말하고 있다. '이 세상에서 가장 중요한 시간은 언제인가? 이 세상에서 가장 중요한 사람은 누구인가? 이 세상에서 가장 중요한 일은 무엇인가?'이다. 첫 번째 답은 현재, 두 번째 답은 현재 내가 만나는 사람, 그리고 세 번째 답은 현재 내가 만나는 사람에게 선(善)을 베푸는 것이라고 하였다. 행복은 개인의 이기적인 만족에 있는 것이 아니라 이타적인 봉사에 있음을 알려 준다.

이렇듯 학생들에게 있어 학교생활을 행복하게 하는 방법이 단순하지 않다. 학생들과의 관계에서 서로 부딪치고, 이기적인 교육적 사고와 열등감에 빠져들 때도 있다. 모두가 1등을 하고 싶은 욕구 때문에 나머지 학생들은 패배자로 전락할지도 모른다. 학생들은 상벌제의 교육 환경 속에서 자신을 위한 삶을 살기보다 타인의 기대에 맞춰 살기도 한다.

그러므로 교사는 학생들에게 행복의 기준을 제시하고 행복한 사람이 되도록 도와야 한다. 흔히 돈이 많거나 명예가 높은 사람들이 행복할 수 있다. 하지만 돈에도 심리학이 적용되고 명예를 가졌다고 해도 어떻게 성취했는지도 중요하다. 그만큼 역량의 깊이가 행복지수를 높여 준다고 할 것이다.

교사는 행복을 어디서 찾아야 하는가. 행복은 함께하는 사람들과 좋은 관계를 유지하는지 여부에 달려 있다. 부모와 자식, 친구 사이, 스승과 제자, 사회적 만남과 관계 속에 행복이 있다. 그저 가르치는 것은 행복일 수 없다. 학생들이 성장하는 일에 헌신하는 교사의 책무를 기억하고 기쁘게 실천하는 일이 행복일 것이다. 미래를 위해 교사에게 주어진 교육적 사명을 다하는 것 역시 행복의 조건이 될 수 있다. 이처럼 행복은 성공이나 출세와는 무관하다.

왜 학교를
사랑해야 하는가

11

생각 크기는 언제 커지나요?

> **코이의 법칙**
> 주어진 환경에 따라 몸집이 달라지듯
> 사람도 환경에 비례해 능력이 달라진다.

　　새 학기 새 교실에서 친구들과의 첫 만남은 언제나 설레게 한다. 그러나 교실이라는 사각 공간에 들어서는 순간 왠지 긴장되면서 어디에 앉을까, 내 자리는 어디일까, 새로운 친구들은 어떨까, 낯선 친구들이 나를 어떻게 볼까 등등 소심하게 반응하기도 한다.

　　나는 초등학교 3학년 때 전학을 했던 경험이 있다. 그때 처음 들어선 3학년 1반 교실이 얼마나 낯설고 이색했는지 모른다. 아이들의 시선이 나에게 쏠리자 어쩔 줄 몰라 작아지던 나를 아직도 생생하게 기억한다. 그렇다고 반갑게 아는 척하는 친구는 아무도 없었다. 전학을 왔으니 그럴 수 있겠지만 한편에 불안한 마음이 있었다. 무엇이 이토록 소심하게 만드는지 알 수 없었다. 자존감이 정말 바닥이었다.

아이들은 서로 반갑게 인사를 나누기도 하고, 어깨를 툭 치면서 친밀함을 보였으나 나는 그저 교실이라는 어항 속의 가시고기처럼 두리번거리면서 선생님이 들어오기만 기다렸다. 다행히 선생님은 엄마처럼 다정다감해 보였다. 먼저 자신을 소개한 선생님은 아이들이 서로 알 수 있도록 각자 소개하는 시간을 주었다.

맨 먼저 용기 있게 벌떡 일어나 큰소리로 말하는 친구가 등장했다.

"선생님! 저는 권순만입니다. 저는요, 공부도 잘 못하고요… 어, 좀… 뭐… 그래도 제가 씩씩합니다. 어, 어, 당당해 보이지 않나요."

그 아이는 더듬거리는 말투로 연신 콧물을 옷소매로 닦아 내며 자기가 누군지 소개하였다. 학급 친구들 모두 눈이 휘둥그레져서 그 애 행동에 집중하고 있었다. 그 모습이 어찌나 특이했던지 지금도 추억의 한 페이지가 되어 있다.

가장 먼저 손을 번쩍 들면서 뜻밖의 존재감으로 일어서는 모습이 우스꽝스럽기도 했다. 자기소개를 하는 내내 그 아이는 두 팔을 번쩍 들고 기죽지 않으려는 듯 안간힘을 다하는 것만 같았다. 그 모습이 놀랍기도 했고, 그 아이보다 잘할 수 있겠다고 안도하며 용기를 낼 수 있었다.

당시 그 아이는 따뜻하고 노련한 선생님에게 매우 격한 칭찬을 받았다. 어쩐지 어리광스런 행동이었는데 선생님의 칭찬은 엄지척이었다. 그래서 나도 큰 용기를 내어 자기소개를 할 수 있었다. 내 마음밭에 선생님의 모습이 용기를 낼 수 있는 씨앗이 되어 주었다. 지금도 용기를 내야 할 때마다 그 씨앗을 떠올리면 마음이 따뜻해진다.

이처럼 유별나게 자기소개를 하던 그 남자아이는 지금 대학에서 무용학과 교수로 재직하고 있다. 남다른 제스처를 하면서 용기 있게 말하던 그 모습이 관객의 갈채를 받는 아티스트이자 제자를 양육하는 씨앗이 되지 않았을까 싶다. 나는 그날 선생님의 배려 깊은 칭찬이 그 아이의 장점을 크게 발휘할 수 있도록 했다고 믿는다. 자존감 결핍으로 흐물흐물하던 나를 단단하게 만들어 준 계기였다.

나는 자기소개를 할 때마다 가슴이 두근거렸지만 그 아이를 떠올리면 더 큰 목소리와 더 큰 제스처를 할 수 있었다. 나 자신에게 자신감 있게 당당하리라 다짐하게 된다. 어렵고 힘든 일이 주어질 때도 가능하면 자신 있게 행동하면서 두려움을 떨쳐 낼 수 있었고, 더 큰 도전을 두려워하지 않을 수 있었다.

그 후 다재다능한 여러 친구를 통해 나의 존재감을 느끼게 되면서 더욱 자신감이 생겼다. 차츰 미래의 비전도 뚜렷해지기 시작했다. 인간관계를 통해 자연스럽게 나에게 무엇이 필요한지 터득할 수 있었고, 나라는 존재에 사회적인 가치가 부여되고 해석되면서 자아가 함께 성장했다. 이처럼 재능이 많은 친구와의 소중했던 시간을 흘려보내지 않고 한발 더 나아가는 기회로 삼았다.

관상어 중에 '코이'라는 물고기가 있다. 이 물고기는 작은 어항에 넣어 두면 5~8cm 정도밖에 자라지 않지만 커다란 수족관이나 연못에 넣어 두면 15~25cm 자라고, 강물에서는 90~120cm까지 성장한다고 한다. 이처럼 주어진 환경에 따라 몸집이 달라지는 것을 두고 '코이의 법칙'이라고 한다.

관상어 코이처럼 더 큰 꿈을 꾸는 사람과 함께 있으면 나의 꿈도 커지게 된다. 뿐만 아니라 어떠한 환경에서 어떤 꿈을 꾸느냐에 따라 인생의 터전도 달라지게 마련이다. 예전의 정겹던 장면을 그려 보면서 그때 천진난만하게 어울렸던 친구들을 소환한다면 아마 끝없이 이야기를 나눌 것만 같다.

그래서 새 학기에 학생들을 맞이할 때는 나처럼 소심해지는 친구들을 보듬어 주고 격려해 주게 되었다. 나를 거울삼아 아이들의 마음을 좀 더 빨리 파악하고, 고래도 춤추게 한다는 칭찬이 얼마나 용기를 주는지 알려 주곤 했다.

처음엔 친구를 먼저 칭찬하고 이후 나 자신을 칭찬하는 것도 잊지 않았다. 어느덧 교사가 되고 담임이 되어 교실에서 아이들의 눈망울을 보면서 성장기의 나의 경험은 유용했다.

"너는 노력을 많이 하는 것 같다. 그래서 뭐든지 할 수 있을 거야."

"친구들이 널 닮고 싶어 해. 너의 꿈이 너무 멋져."

"너는 친구들에게 편안함을 주더라! 최고로 좋은 성품이야."

"넌 책임감 있는 모습이 멋져. 친구들이 너와 친해지고 싶어해."

요즘 코로나 시대를 접하면서 지구 환경이 얼마나 중요한지, 나에게 한없이 넓게 느껴졌던 전 세계가 한순간에 무방비로 바이러스에 노출되는 것을 목격하기도 했다.

물고기 코이가 처한 환경에 의해 크기가 달라지듯이, 우리 모두도 마찬가지이다. 특히 미래 주인공인 청소년에게 교육 환경이 미치는 영향은 대단하다. 각자의 꿈이 달라지기 때문이다. 꿈의 크기와 생각 차이 역시 많은 변화를 가져올 것이다. 그 어느 때보다 학교 교육과 교사의 역할이 중요하다.

코로나 블루로 인해 학생들은 서로 얼굴을 마주 보며 이야기하는 시간이 줄어들고, 앞으로 예전의 교실 풍경 그대로 돌아갈 수 없다는 의견이 지배적이다. 못내 그립고 아쉽다. 하이브리드 교육 여건상 비대면 수업이 많아지면서 온오프믹스 시대가 되고 있다.

학생들과의 만남이 점차 줄어들고, 서로 어울림과 나눔의 교육 환경이 축소되면서 학생들의 꿈을 키워야 할 기회조차 사라질까 안타깝다. 우리는 학생들과 함께하면서 진정 고통에 맞서는 용기와 지혜를 주어야 한다.

나는 새 학기가 시작되면 언제나 학생들이 서로 친밀해지고 학급에 적응하게 하기 위해 적어도 일주일 동안 돌아가면서 서로 칭찬을 나누게 했다. 이를테면 칭찬 릴레이인 셈인데, 포스트잇에 칭찬을 적어 붙여 주기도 했다.

큰 숲 사이로 걸어가니 키가 더욱 커졌다는 말이 있듯이 우연히 마주친 그 길에서 따뜻한 품으로 다가가는 교사의 한마디가 교육의 지렛대가 되고 아이들의 생각 크기를 키워 줄 거라고 믿는다.

12

시험 기간에 구급차 2대가 도착하다

겁퍼슨의 법칙
일어나지 말았으면 하는 일일수록 반드시
일어난다.

교장으로 부임한 지 두 달쯤 되던 날이었다. 중간고사가 시작되어서 학생들의 스트레스가 최고치였는데, 여느 때와 마찬가지로 나의 첫 임무를 위해 정문 앞에서 아침 일찍 등교하는 학생들을 맞이했다.

평소에는 삼삼오오 등굣길을 따라 길게 늘어진 아이들의 종종걸음이 밝고 경쾌해서 아침을 시작하는 내 기분도 마냥 즐거워지곤 했는데, 시험 첫날의 아이들은 다르다. 시험에 긴장하고 초조해진 아이들은 미처 암기하지 못한 쪽지를 보면서 걸어오기도 해서 그저 안쓰러웠다.

이럴 때일수록 먼저 우리 학교 인사 멘트인 "안녕하십니까?"를 크게 외치며 아이들 하나하나 반갑게 맞이하려고 노력한다. 조금이라도 시험의 긴장을 풀어 주고 위안을 주고 싶어서이다.

시험 기간에는 선생님들의 긴장감도 만만치 않다. 혹시 출제한 문제지와 답지에 별다른 이상이 없는지, 학생들이 실수하지 않고 답지에 표기는 잘하는지, 복수 정답은 생기지 않는지, 학급별 성적 분포도가 고르게 나올지 등 출제와 평가에 대한 부담을 잔뜩 안고 있다.

이러한 분위기에서 예상치 못한 위기 상황이 발생했다. 1교시 시험이 진행되는 도중 뜻밖에 구급차 사이렌 소리가 요란하게 들려온 것이다. 이미 현관 앞에 119 구급차가 도착해 있었다.

아, 무슨 일이 일어난 것인가. 불안한 마음으로 교실 쪽으로 뛰쳐 나갔을 때는 이미 4층 교실 복도에서 한 아이가 들것에 실려 나가고 있었다. 2학년 미연이였다. 시험 공부를 하느라고 밤새 잠을 자지 못한 채 시험을 치르다가 어지럼증을 호소하면서 갑자기 쓰러졌다는 것이다. 그렇지 않아도 허약한 편인 미연이는 평소에도 선생님들의 보호 관찰 대상자였다. 구급차가 요란한 사이렌 소리를 내면서 운동장을 지나 교문 밖을 빠져나갔다.

그리고 20분도 채 지나지 않았을 것이다. 또다시 사이렌 소리가 운동장에서 시끄럽게 들려 왔다. 또 무슨 일이지? 중복 신고가 되었던 걸까? 한 울타리에 다른 학교가 있기도 해서 우리 학교와는 관계없을 수도 있었다. 그러나 그 생각은 빗나가고 말았다. 3층 교실 쪽에서 학생이 들것에 실려 내려오고 있었다. 이번에는 1학년 학생이었다. 고등학교 입학 후 첫 시험이라 정신적, 육체적 부담이 컸던 모양이었다.

시험 기간은 긴장의 연속이다. 어떤 학생은 시험을 보다가 OMR 답안지에 마킹하면서 연달아 4번이 답이자 시험 시간이 끝날 무렵에 4번이 계속 답일 리 없다고 생각하다가 마지막 순간에 정답을 오답으로 고치는 바람에 16점이 날아갔다. 자기 꾀에 넘어간 것이다. 시험 시간이 끝나자 친구들끼리 정답을 맞추다가 처음 마킹한 4번이 모두 정답이라는 사실을 확인한 순간 좌절하고 만다.

이처럼 시험 기간에는 예상하지 못한 희한한 일들이 종종 발생한다. 안타깝게도 밤새 공부하다가 새벽에 졸음을 못 이겨 졸다가 지각하게 되어 시험을 아예 못 본 경우도 있다. 하지만 두 번씩이나 구급차가 사이렌을 울리던 그날의 기억은 오래도록 선명했다. 그나마 다른 사고로 이어지지 않아서 불행 중 다행이었다.

운(Luck)이 일상생활에서 큰 영향을 미치는 경우를 종종 본다. 불운(bad luck)이 계속 겹칠 때를 우리는 설상가상이라고 말한다. 이상하게 불운들은 꼭 겹쳐서 발생한다. 모처럼 마음먹고 공부하려고 책을 펼치면 피치 못할 중요한 일이 생기거나, 시험 때만 되면 감기에 걸려 공부를 제대로 할 수 없어 시험을 망치기도 한다.

또 하필 시험 시간에는 왜 그리 헷갈리는지 잘 알던 내용도 틀리고, 처음 문제 풀이할 때는 출제 의도를 제대로 파악해서 답을 잘 적었는데 수정해서 오답을 쓰고 만다. 일어나지 않았으면 하는 일일수록 더 잘 일어난다는 '겁퍼슨의 법칙'과도 일맥상통한다.

시험은 감기처럼 면역이 되지 않는다. 시험 기간이 다가오면 불안감을 호소하는 아이들이 많다. 학생들을 이러한 긴장에서 벗어나게 하는 방법은 무엇일까? 조금이라도 불안감을 덜어 주는 방법은 없을까? 선생님들은 안쓰러운 마음에 대안을 찾기 시작했다.

시험 기간에 잠시 불안에서 벗어날 마법의 힘이 될까 해서 '초코바 나눠 주기 이벤트'를 하였다. TV 드라마나 유명 광고에 등장하는 시사적인 대사들을 패러디하여 초코바에 붙였다. 현관 앞에 대기하던 선생님들이 등교하는 학생들에게 초코바에 부착된 문장을 취향대로 고르도록 했다. 그리고 "시험 잘 보자! 파이팅!"이라고 응원 메시지를 외쳐 주었다.

초코바 이벤트는 예상보다 훨씬 아이들에게 호응이 좋았다. 선생님들의 칭찬과 격려는 사제 간의 친밀도를 높이고 관계 형성에 도움이 된다. 좋은 관계는 뇌에서 도파민을 활발히 생성시켜 집중력과 행복감을 높이고 조금이나마 불안감에서 벗어나게 한다. 그래서 그랬는지 극도의 긴장이나 불안감으로 쓰러지는 학생은 더 이상 발생하지 않았다.

시험 감독 방법 개선도 불안을 제거하는 데 도움이 되었다. 교사와 학부모가 2인 1조로 시험 감독을 편성했다. 몸이 허약한 아이와 아픈 아이는 사전에 파악하여 별도 교실에서 시험을 치르도록 했고, 코로나 시대 이후 1인 특별실을 준비했다. 또 시험장 교실은 동일 학년이 아니라 학년이 서로 다른 학생들로 배치했다. 학년별 홀짝으로 두 줄씩 교차 배치하여 소란함도 줄일 수 있었다.

시험 결과에 얽매이는 학생들은 공부의 양과 학습 방법의 조절이 어렵다 보니 평소보다 긴장감이 더하다. 시험 기간에는 심리적인 안정이 우선이다. 초코바 이벤트는 학생들에게 긍정적인 평가를 받았다. 교사와 함께 파이팅을 외치면서 자신감 향상에도 도움을 주었을 것이다. 또 시험장 감독 방법과 환경 변화도 긍정적인 대안이 되었다.

13

내 인생의 나침반은 긍정의 힘

두 번째 임용된 학교에 출근한 지 며칠 지나지 않았을 때였다. 출근길에 열 군데가 넘는 신호등을 지나야 했는데, 차로 이동하면 집에서 학교까지 20분 거리였다. 그런데 그날따라 자동차 속도에 맞추어 신호등이 파란불로 바뀌면서 정차하는 일 없이 주행할 수 있었다. 신호 대기 없이 통과하면 학교에 일찍 도착할 수 있어서 그런지 유난히 기분이 상쾌했다.

그날 수업 시간이었다. 맨 앞자리에 앉아 있던 영주가 조심스럽게 손을 들고 질문했다.

"선생님! 혹시 책방 아저씨 아닌가요?"

순간 얼굴을 마주치자 기억이 났다. 얼마 전까지 내가 운영하던 책방에 자주 들렀던 아이였다.

"아~ 그럼, 기억 나지. 여기서 만나다니." 우연치고는 아이로니컬한 만남이었다. 갑자기 교실 분위기가 소란스러워졌다. 영주와 내가 구면이라는 것이 아이들에게 잔뜩 호기심을 갖게 한 모양이었다. 내 정체가 궁금했을 것이다. 몇몇 학생들에게는 낯익은 얼굴이었고, 나중에 알게 되었는데 단골 학생들 사이에 이미 내가 책방 아저씨라고 소문 나 있었다고 한다.

이러한 친근감 덕분에 학생들과는 쉽게 가까워졌다. 이후 아이들의 질문이 구체적이었다. 서점을 어떻게 운영하게 되었냐는 질문부터 줄곧 서점 관련 에피소드에 대해 물었다. 이런저런 얘기를 들려주면서 다시 과거로 돌아가서 파란만장했던 내 삶의 조각들을 회상하기도 했다.

아버지는 내가 고등학교를 졸업한 지 채 1년도 되지 않아 돌아가셨다. 경남 양산의 원동역 철도청 공무원이셨는데 할머니가 돌아가시자 서둘러 직장을 그만두고 울산의 고향 마을에 정착하셨다. 그때 나는 초등학교 2학년생이었다. 물려받은 농사일이 많았던 아버지는 종종 힘겨워하셨고, 술을 드시는 날이 늘어 갔다. 그래서 일찍 돌아가신 것이 아닌가 짐작한다.

유년기에 나는 언제나 농사일에서 도망치고 싶었다. 그러려면 서울에 있는 대학에 입학하는 것이 유일한 희망이었다. 집안 막내여서 가족의 책임감에서는 그나마 자유로웠다. 다행히 대학에 합격하고, 어머니 부탁으로 서울에 있는 외사촌 누이 집에 기거할 수 있었다.

그러나 대학에 다니긴 해도 누이의 아이들을 돌봐 주어야 했고, 학비며 생활비를 어머니 혼자 힘으로 대줄 수 없었다. 그렇다고 결혼한 형제들에게 학비를 지원받기에도 마땅치 않았다. 마음 한편이 편치 않았던 나는 하는 수 없이 2학년 때 휴학을 하고 공군에 지원하기로 했다.

대구 비행 기지에 배치된 나는 주로 120여 명 중대원의 행정 업무를 처리하는 보직을 맡았다. 사회에서 배울 수 없는 군대 조직의 철학을 배우기도 했다. 계급 사회의 특성상 아무리 나이 든 병장이라고 해도 부사관과의 사이는 마치 악어와 악어새 같았다. 그렇게 지낸 군대 생활 34개월은 후회 없는 시간이었다.

그 시기가 내 인생에 유익한 시간이 될 수 있었던 것은 군대 배치 신고서의 손글씨 덕분이었다. 글씨를 잘 쓴다는 이유로 뜻밖에 행운이 찾아왔다. 중대 본부 행정병으로 차출되었던 것이다. 당시 여러 장의 공문서를 만들려면 종이 밑에 먹지를 필요 매수만큼 놓고 볼펜으로 꾹꾹 눌러 써야 했는데, 군대 생활 내내 팔이 아프도록 글씨를 쓰면서 지냈다. 지금은 컴퓨터 자판으로 갖가지 서체를 활용해서 입력하고 프린트하면 되지만 말이다.

고등학교 1학년 때 짝꿍 글씨가 탐나서 노트를 빌려 따라 쓸 만큼 글씨를 잘 쓰고 싶었다. 문득 그 짝꿍이 그립다. 그 애 노트 덕을 본 셈이다. 특히 군대 생활에서 승부욕이 뛰어난 중대장을 보필하면서 열정을 배우고, 사람을 알아차리는 법, 다채롭게 일상을 누리는 철학도 체득할 수 있었다.

군대를 제대하고 복학하기까지 5개월 남짓 남아 있어서 그 시간에 무엇을 하면 좋을지를 궁리하다가 책방을 하기로 했다. 대학 선배와 함께 서울 망우동에서 순정 만화 책방을 차리게 되었다. 마침 근처에 학교들이 있어서 매출이 나쁘지 않을 것 같았다.

당시 황미나, 김영숙, 신일숙, 황미리, 나하나, 전영희 작가 등 유명한 순정 만화 작가들의 인기가 대단하던 시절이었다. 지하 1층 카페형 책방이었는데 시간이 지나 복학하게 되면서 책방 운영은 선배 형이 도맡았다.

때마침 울산에 공업 단지 조성 사업으로 우리 집 농지의 대부분이 수용되고, 형제간의 재산 분배에서 논 네 마지기가 내 몫이었다. 마침 혼자 힘으로 살아가려면 재정적인 독립을 해야 한다고 생각했고, 하숙집에서 벗어나기로 마음먹었다.

서울 이문동에 괜찮은 집이 있었다. 붉은 벽돌 기와집이었는데 아담한 방이 4개였다. 어머님께 상의하여 부모님 재산과 물려받은 논을 팔아 그 집을 살 수 있었다. 안방과 건넌방 2칸은 내가 사용하고, 나머지 방은 월세를 받아 학비를 충당하였다.

대학을 졸업할 즈음 인생의 나침반을 다시 흔드는 운명적인 일이 있었다. 학교 앞 은행에서 현금을 인출하려는 중에 주인 없는 지갑을 발견했는데, 한국외국어대학교 교육대학원 서반아어과 재학생 학생증이 들어 있었다. 다행히 지갑에 연락처가 있어서 대학원 로비에서 만나기로 했다. 그곳까지는 담장 하나 거리였다.

로비에서 그가 건넨 자판기 커피를 마시면서 왜 대학원을 다니는지 물었다. 그러자 그는 부산외국어대학교를 졸업하고 선생님이 되고 싶어 교사자격증을 취득하려 교육대학원에서 공부하면서 조교를 하고 있노라 말했다. 나는 그와의 이야기 끝에 어릴 적 교사의 꿈이 되살아났다.

"음~ 저는 상경대 무역학과 4학년생인데, 교사가 될 수 있을까요?" 그는 내 질문에 친절하게 안내해 주었다. 사실 무역학을 전공한 나는 공무원 시험을 준비 중이었고, 이미 알 만한 기업체에 합격한 상태였다. 그런데 그의 말이 계기가 되어 여러모로 고민하게 되었고, 대학원 진학으로 진로를 바꾸었다. 잃어버린 지갑 주인과의 인연으로 나는 교사가 되었고, 지금도 현재진행형이다.

교육대학원에 진학하자 시간적 여유가 많았다. 수업료는 장학금으로 해결할 수 있었다. 수업이 있는 날 오전에는 교학과 조교를 하고, 오후에는 강의를 들었다. 생활비가 턱없이 부족하였다. 다시 서점을 차리게 되었는데, 아무래도 과거에 만화 책방을 운영한 경험이 있는 데다 책의 유통 경로를 알아서 그랬을 것이다.

서점 운영에는 자신감이 있었다. 청량리역에서 외국어대학교 가는 길에 있는 시조사 옆 현대아파트 입구였다. 학교와 아파트, 주택들이 밀집해 있어서 입지 조건이 괜찮았다. 집과 학교 근처를 중심으로 시장 조사를 하다가 마침 비어 있던 비디오 가게를 임대하였다. 보증금은 내가 쓰던 방 2칸을 전세 놓고 월세방으로 옮기며 차액으로 마련할 수 있었다. 서점 이름은 지혜서점이었다.

지혜서점이 잘 되어야 내가 바라는 석박사 공부를 할 수 있기에 필사적이었다. 대학원을 다니면서 운영하다 보니 시간이 부족했다. 수익 창출도 중요했지만 서점 경영을 해 보고 싶었던 나는 아르바이트생을 고용하여 교대로 일했다. 지금은 동네 서점을 보기 어렵지만, 당시만 해도 동네 서점에서 책 사는 사람들이 많았다. 대부분 단골이어서 고객 이름을 외울 정도였다.

지혜서점은 평수가 크지 않아서 분야별로 다 갖출 수 없었다. 주로 단행본 중심이고, 나머지 참고서나 잡지류는 선주문을 받아 판매하였다. 그러다가 책을 읽기만 하고 사지 않는 사람들이 눈에 띄기 시작했고, 어떤 손님은 책을 빌려주면 안 되느냐고도 하였다.

곰곰이 생각하다가 단행본 판매 수익이 정가의 30% 미만인데 대여하는 것이 더 나았다. 2년 정도 운영하다가 지혜서점은 지혜대여점으로 변경하였고, 주로 단행본, 아동 도서, 월간지, 만화책 등을 빌려주었는데, 꽤 창의적 발상이었다. 당시 도서 대여점이 없을 때였다.

내 인생의 코칭은 누구인가. 다름 아닌 지갑 주인처럼 운명처럼 다가오는 사람들이다. 아무 예고 없이 어느 순간 인생의 길을 열어 주는 만남의 소중함과 귀함을 가지고 나에게 나침반이 되어 준다.

서둘러 외출하느라고 지갑을 놓고 왔는데 겉옷 주머니에 오만 원짜리 지폐가 있다거나 시험을 보기 직전에 뒤적여 본 노트에서 시험 문제가 3개나 출제되어 정답을 맞추었다거나 약속 시간에 늦을세라 버스 정류장에 이르자마자 바로 버스가 도착하기도 한다. 이런 일을 '샐리의 법칙'이라고 부른다.

샐리의 법칙은 영화 〈해리가 샐리를 만났을 때〉에서 유래되었다. 여주인공 샐리(맥 라이언 분)는 영화 도입부터 이리저리 좌충우돌하고 하는 일마다 꼬이지만, 결국 해리와의 사랑을 성취한다. 이를테면 우연히 유리한 일만 계속해서 일어난다는 인생 법칙이다.

이러한 샐리의 법칙은 내 인생에 나침반이 되기도 해서 긍정의 힘을 발휘할 수 있었다. 좋은 분들과의 만남은 숙명 같은 멘토와의 만남이었고, 뜻밖에 찬스를 얻기도 해서 참으로 감개무량한 인생 법칙이 되었다.

꿈은 무엇인가. 학생마다 꿈의 크기와 방향은 다르다. 또 꿈이 무엇인지도 모른 채 살아가기도 한다. 교사는 멘토로서 멘티인 학생들에게 배움의 발자취를 따라갈 수 있도록 좋은 길잡이가 될 수 있다.

교육 역량과 경험의 전문성을 바탕으로 학생들이 건강하고 행복하게 살아갈 모티브를 제공하기도 한다. 때로는 한 사람의 인격을 형성하고 인생을 결정하는 기회를 잘 포착하는 지혜를 얻게 한다. 작은 나비의 날갯짓이 한 달 후 대류에 폭풍우를 일으킬 수 있다는 나비 효과를 거울삼아 긍정의 힘을 발휘하기를 바란다.

14

교사의 진정성은 감출 수 없다

　새 학기에 교사는 새로운 학년의 새로운 반, 새로운 학생들을 맞이한다. 물론 학생들도 담임 선생님과 교과 선생님들에 대한 궁금증이 가득하다. 어떤 선생님일지, 또 학급 친구들은 어떨지, 짝꿍은 누구일지 등 호기심으로 가득 차 있다.

　3학년 2반 담임을 할 때였다. 처음 교실에 들어서자마자 가장 먼저 눈에 띄는 학생이 있었다. 2학년 때 교과 수업에서 만난 주영이였다. 교사 경력이 어느 정도 되면 튀는 아이가 한눈에 보이기도 하는데 그

중에 한 명이었다. 수업 시간에 자주 졸고, 성적도 좋지 않아 관심 대상 학생으로 기억하고 있었다. 그날은 그 아이와 담임으로서 첫 만남이었다.

그런데 주영이는 기억 속에 있던 그 학생이 아니었다. 엄청 길었던 머리카락을 싹둑 잘라서 단정한 단발머리인 채 앉아 있었다. 주영이의 모습은 모범생 그 자체였다. 3일째 되던 날 주영이와의 개별 상담이 이루어졌다.

주영이는 좋은 기업체에 빨리 취업하는 것이 꿈이었다. 그러나 2학년까지 성적이 좋지 않았다. 1, 2학년 평균 점수가 71점이어서 좋은 직장에 원서를 넣어도 서류 전형에서 제한에 부딪치는 성적이었다. 게다가 자신이 비만이라는 이유로 자존감이 떨어져 있었다.

가정 형편도 어려운 처지였다. 몸이 불편한 할머니와 함께 지하 단칸방에서 생활하며 생활비를 벌어야 했다. 방과 후에 아르바이트를 해야 살아갈 수 있다 보니 취업이 간절했지만 스스로 취업이 빨리 이루어지기는 어렵다고 판단하고 있었다.

주영이와 상담하는 내내 딱하기 그지없었다. 내심 성심껏 돕기로 마음먹고, 바르게 앉아 있던 주영이 모습에 대해 칭찬과 격려를 아끼지 않았다. 나의 선입관과 편견으로 낮은 교과 성적과 졸고 있던 주영이를 멀리에서 바라보다가 이제 충분히 이해할 수 있었다.

주영이는 방과 후에 아르바이트를 하느라 공부할 시간이 부족했고 자신을 돌아볼 틈조차 없었던 아이였다. 3학년 첫날, 주영이는 단단한 각오를 했다. 선배들로부터 네 모습을 바꿔야 취업할 수 있다는 조언을 듣고 변화하기로 마음먹었던 것이다.

나는 일단 성적을 올리자고 했다. 좋은 회사에 취업하는 것을 목표로 열심히 노력하면 될 거라고 힘주어 말해 주었다. 기업체에서 전 학년 성적을 요구하지만 3학년 성적만 필요로 하는 회사도 있어서 중간고사, 기말고사를 잘 보면 가능성이 열릴 수 있었다. 채용 추천이 오면 가능한 한 빨리 취업이 되도록 돕기로 했다.

몇 달 후 주영이의 체중이 눈에 띄게 줄었다는 것을 직접 확인할 수 있었다. 나중에 알게 된 사실은 3월부터 편도 10킬로미터가 넘는 등하교길을 걸어서 다녔다는 것이었다. 3개월 만에 15킬로그램의 체중을 감량했다는 얘기를 듣고 그 실행력에 얼마나 놀랐는지 모른다. 마음먹었다고 다 이루어지는 것은 아니지 않는가. 주영이가 세상 밖으로 뛰쳐나오려는 소리를 들을 수 있었다. 게다가 3학년 1학기 평균 성적이 91점이어서 학급 아이들에게 놀라움을 안겨 주었다.

7월이 되자 기업체에서 채용 추천서가 오기 시작했다. 주영이의 전체 성적이나 행동 평가를 보면 마땅히 지원할 만한 회사가 없었다. 원하는 회사에 두 번이나 서류를 제출해 보았지만 불합격이었다. 그러던 중 어느 한 기업체 추천 의뢰 공문을 살펴보니 학교생활기록부가 아니라 성적증명서를 요구하는 회사였다. '아, 주영이를 추천하자.' 물론 주영이의 성실함에 대한 담임 소견서를 첨부하였다. 드디어 주영이는 굴지의 제약 회사에 입사할 수 있었다. 학급에서 5번째 입사 사례였다. 얼마나 기뻤는지 모른다.

병아리가 알에서 나오기 위해 알 껍질을 쪼는 것을 '啐(줄)'이라 하고, 어미 닭이 그 소리를 듣고 부리로 화답하는 것을 '啄(탁)'이라 한다. 병아리는 껍질 안에서 공략 부위를 정해 쪼기 시작하지만 힘에 부치게 된다. 이때 그 소리에 귀기울이다가 어미 닭은 밖에서 함께 쪼아준다. 비로소 알 속에서 사투를 벌이던 병아리는 어미의 도움에 힘입어 세상 밖으로 나오게 된다. 병아리와 어미 닭이 서로 협력해야 완성될 수 있다는 고사성어가 바로 啐啄同時(줄탁동시)이다.

교사는 줄탁동시 시각에서 학생들을 바라보고 서로 다른 프레임을 공유할 수 있어야 한다. 학생들의 프레임에 문제가 없는지, 갇혀 있지는 않은지, 비합리적인 판단은 아닌지 등을 냉정하게 분석해야 한다. 또 친구들의 프레임을 경험하기도 하면서 역지사지로 되돌아보고 잘못된 방식의 프레임에서 벗어나야 비로소 세상을 넓게 바라볼 수 있다.

세상을 바라보는 시각이 긍정적이냐 아니냐를 두고 말할 때 흔히 등장하는 비유가 바로 '유리잔의 물'이다. 유리잔에 물이 반쯤 있는 것을 보았을 때 사람들의 반응은 두 가지로 나타난다. 반이나 있다는 사람과 반밖에 없다는 사람이다. 그 시각 차이에 따라 삶의 모습이 어떻게 달라지는지는 새삼 언급할 필요조차 없다. 이처럼 긍정적인 사람과 부정적인 사람은 인생 목표와 그것을 추구하는 방법에서 차이가 있다.

미국 인지언어학자 조지 레이코프(George Lakoff)는 진실이 사람들에게 받아들여지려면, 그것은 사람들이 가지고 있는 기존의 프레임에 부합해야 하며, 그렇지 않은 경우 진실은 버려진다고 하였다. 똑같은 상황에서 어떠한 틀을 갖고 상황을 해석하느냐에 따라 사람들의 행동이 달라진다는 것이 '프레임의 법칙'이다.

프레임(frame)이란 창틀이란 의미이나, 여기서는 관점이나 생각의 틀을 의미한다. 조지 레이코프의 유명한 저서『코끼리는 생각하지 마!』에서 코끼리를 생각하지 말라고 강조하고 있으나 사람들에게는 '생각하지 마'보다 '코끼리'가 먼저 기억된다고 한다.

학생들의 생각은 다양하고, 선생님을 대하는 모습이나 사물을 바라보는 현상도 각양각색이었다. 학생들을 대상으로 선생님들의 첫인상을 조사한 결과, 재미있는 현상을 알 수 있었다.

학생마다 제각기 다른 프레임을 갖고 있었다. 남녀 선생님의 첫인상 공통점은 '착하다, 재미있다'가 가장 많았다. 그러나 그 외에 꼽힌 남자 선생님의 첫인상은 '착하다, 재미있다, 목소리가 크다, 다정하다, 무섭다' 등의 순이었고, 여자 선생님의 첫인상은 '착하다, 예쁘다, 재미있다, 귀엽다, 무섭다' 등의 순이었다.

코넬대학 심리학과 연구에 의하면, 1992년 바르셀로나 올림픽에서 수상자의 밝은 표정은 금, 동, 은 순서였다고 한다. 은메달을 받은 선수의 만족도가 가장 낮은 것은 금메달을 딸 수 있었으리라는 아쉬

남자 선생님의 첫인상

남교사1	남교사2	남교사3	남교사4	남교사5	남교사6
개성있게 생겼다	긍정적이다	다정하다	성격 좋다	다정하다	동글동글하다
꼼꼼하다	나긋나긋 하다	머리가 귀엽다	잘생겼다	다리가 길다	재미있다
다정하다	낯익다	목소리가 크다	장난이 많다	착하다	착하다
목소리가 크다	아빠 닮았다	잘 웃는다	재미없다	키가 크다	
무섭게 생겼다	목소리가 크다	재미있다	재미있다		
무표정이다	목소리가 좋다	키가 크다	착하다		
세심하다	목소리가 차분하다	포스가 있다	편하다		
승부욕이 강하다	무섭다		활기차다		
유쾌하다	밝다				
자상하다	시크하다				
장난이 많다	온화하다				
재미있다	인자하다				
착하다	차분하다				
파이팅 넘친다	착하다				

움에 만족감이 떨어졌던 것이고, 동메달을 받은 선수는 메달을 받지 못한 선수들과 비교하면서 만족감을 얻었던 것이다. 이것이 동메달을 딴 선수가 은메달을 딴 선수보다 표정이 더 밝은 이유이다. [19)]

흔히 매스컴 광고에 등장하는 '착한 가격'이라는 말은 착하다는 단

19) 『세상을 움직이는 100가지 법칙』, 이영직 지음, 스마트비즈니스, 참조

여자 선생님의 첫인상

여교사1	여교사2	여교사3	여교사4	여교사5	여교사6
귀엽다	목소리가 특이하다	귀엽다	깔끔하다	목소리가 작다	날씬하다
당당하다	얼굴이 희다	깐깐하다	목소리가 크다	목소리가 특이하다	예쁘다
목소리가 크다	예쁘다	다정하다	무섭다	재미있다	조곤조곤하다
밝다	재미있다	무섭다	여성스럽다	조용하다	착하다
성격 좋다	착하다	여성스럽다	카리스마 있다	착하다	키가 작다
시원시원하다	친절하다	우아하다	화려하다		
예쁘다	카리스마 있다	친근하다			
유쾌하다	키가 크다				
재미있다	피부가 뽀얗다				
착하다					

어의 선한 프레임으로 각인되고, 외모가 출중한 모델을 내세우면 그
와 연관된 이미지 효과로 프레임이 생성된다. 교사와 학생들과의 관
계도 마찬가지다. 사물을 볼 때 자기 중심의 프레임에서 벗어나는 건

큰 용기가 필요하다. 학생을 대할 때 '뭔가 다른 이유가 있을 거야, 그동안 얼마나 마음이 힘들었을까?' 등 학생의 관점에서 이해하고 믿어 주고 용기를 주어야 한다. 학생의 응급 신호에 귀를 세우고 경청하며, 긴박한 목소리를 제때 들어야 한다.

교사가 진정성을 가지고 학생을 응원하고 격려해 줄 때 마음을 숨기지 않고 용기를 낼지 모른다. 또한 용기 내어 말할 때 그 기회를 놓치면 아무 의미가 없다. 우리 아이들에게 용기를 심어 주고 힘이 되어 주는 역할은 교사의 몫이다.

15

진로를 제대로 안내하는 마법의 힘

> **관성의 법칙(the law of inertia)**
> 외부에서 힘이 작용하지 않으면 운동하는
> 물체는 계속 그 상태로 운동하려고 하고,
> 정지해 있는 물체는 계속 정지해 있으려고
> 한다.

새 학기가 되면 교실을 새롭게 꾸미는 환경미화 심사가 있다. 이 시간은 선생님이나 학생들이나 친화력을 높이는 관계의 시간이다. 이는 우리 학교의 아름다운 전통으로 이어지는 교실 문화이기도 하다.

환경미화 심사가 있기까지 2주일 동안 학급마다 왁자지껄 분주하다. 아이들은 서로 카톡으로 의견을 나누고, 결정적인 대화는 만나서 이루어진다. 학급 조직표를 만들고, 학급 문고를 강화하자거나 게시판을 어떻게 꾸미고, 그림과 글씨는 누가 할 것인지 등 구체적인 내용을 나누고, 서로 할 일을 분담한다. 아이들끼리 진행하는 모습을 보면, 뜻밖에 조직적이고 합리적이어서 대견할 때가 많다. 내게는 아이들과의 행복한 추억으로 남아 있다.

특히 환경미화는 교실 뒷벽 학습 게시판에 주목할 수밖에 없다. 교과목별로 요점 정리를 붙이는데, 이때 우리 학교 서체라고 할 '해성체'로 표현하는 편이다. 오른쪽 상단각과 받침 밑변각이 있는 해성체는 게시판에 단골로 등장한다.

잘 쓴 해성체는 환경미화 심사에 보너스 점수가 반영된다. 한편 학생들은 선생님들의 인기순에 따라 그 교과목을 먼저 학습란에 부착하기도 해서 선생님들을 살짝 긴장시킨다. 그뿐만이 아니다. 토요일에 등교해서 교실 벽의 지저분한 곳을 하얗게 페인트칠을 하고 유리창을 반짝반짝 닦아 놓는다.

지금은 사라진 풍경이지만 교실마다 길게 늘어진 커튼 세탁은 필수였고, 손바느질로 누빈 걸레를 만들어 오기도 했다. 교실 바닥 물청소를 하는 날에는 학생들 각자 청소 도구를 한 가지씩 준비하여 학교 전체에 물난리가 날 정도로 전교생이 교실 청소를 하는 모습은 지금은 상상할 수조차 없는 정겨운 광경이었다. 학급별 학생수가 60여 명이 될 때도 있었으니까. 복도에 고인 물을 옆 반으로 이리저리 밀쳐 내는 짓궂은 일들도 있었다.

수업이 끝난 후 각 교실에 남아서 환경미화 준비를 한다. 책걸상에 오래된 낙서를 지우고 개인 사물함에는 이름표를 부착한다. 청소 도구함은 개수도 확인하며 특별실 담당 구역 청소도 심사 대상이다. 학급 조직표와 성현을 모신 액자는 양쪽 벽면에 걸어 놓아야 하는데, 남자 선생님들은 교실마다 살펴보면서 망치질을 도와주기도 한다.

드디어 환경미화 심사가 있는 날이다. 막바지 대청소를 하느라 5, 6교시 자율 활동 시간이 분주하다. 교실 앞면에 부착된 태극기와 교훈, 급훈이 있는 액자도 심사 대상이다. 예쁜 화분이나 거울 등은 학급마다 특색이 있고, 책걸상을 가지런히 하고, 책상 안은 깨끗이 비어 있어야 한다. 개인 사물함도 마찬가지로 단정하게 정리하여 열어 놓아야 한다.

드디어 7교시에 심사가 시작된다는 안내 방송이 나오면 학급 회장과 부회장은 나란히 교실 앞뒷문에서 큰소리로 학년과 반을 소개하며 심사위원 선생님들을 맞이한다.

심사위원들의 예리한 점검이 시작되면 미처 생각하지 못한 곳에 먼지가 발견되기도 하고, 정리 정돈이 안 되어 지적을 받는데, 이 모두 감점 요인이다. 심사위원들은 한번 다녀갔다가 다시 오기도 한다. 학급 간에 심사 우열을 가리기 어려울 때 재심사를 위해 그런 것이다.

교실 전체의 조화로운 색상과 분위기를 연출하는 것이 심사의 핵심이다. 당일 심사가 끝나면 일주일이 지난 후에 심사의 최종 결과를 발표한다. 일주일간 교실 환경이 제대로 운영되는지 매일 점검하여 추가 점수에 반영하기 때문이다.

드디어 환경미화 심사 결과를 발표하는 날이다. 직원 조회 시간에 학년별로 1, 2, 3등을 발표하기 시작하면 교실마다 학생들의 박수와 함성이 우렁차다. 누구보다 성심껏 준비를 잘한 학급이 환경미화 우수반이 된다.

우리 반은 거의 수상을 놓치지 않았다. 담임으로서 신학기 첫 행사이기도 해서 아이들과 함께 최선을 다한다. 수상했다는 결과보다 그 과정에서 오순도순 왁자지껄 단합하고 결속하는 힘을 깨닫는 시간이기도 해서 아이들에게는 성취감을 안겨 준다.

이처럼 신학기 첫 번째 성과는 학생들의 자긍심으로 이어진다. 서로 마음을 열어 가는 기회이고, 힘든 일을 하면서도 즐거운 분위기가 고조되어 학급 분위기에 힘이 샘솟는다.

4월이면 중간고사 열기가 달아오르며 공부도 잘하고 싶다는 분위기가 조성된다. 5월엔 사생대회, 6월엔 기말고사, 7월엔 체육대회, 8월엔 여름방학, 9월엔 동아리 축제, 10월엔 중간고사, 11월엔 학교 홍보, 12월엔 기말고사, 1월엔 방학, 2월엔 졸업식 행사들이 계속 이어진다. 첫 번째 좋은 결과는 학급 경영을 하는데 필수 조건인 단결하고 협력하는 힘이 1년 내내 관성으로 작용하게 된다.

아이작 뉴턴(Isaac Newton)의 저서 『프린키피아 제1권』을 보면, 물체운동의 제1법칙인 '관성의 법칙'이 나온다. 관성은 외부에서 힘이 작용하지 않으면 운동하는 물체는 계속 그 상태로 운동하려고 하고, 정지해 있는 물체는 계속 정지해 있으려고 한다. 서 있던 자동차가 출발하면 우리 몸이 뒤쪽으로 움직이게 되는 정지 관성과 자동차가 달리다가 갑자기 정차하게 되면 몸이 앞으로 움직이게 되는 운동 관성이 발생하는 것이다.

학급 운영에도 관성의 힘은 유용하게 작용한다. 교사가 직접 나서서 학생들의 마음을 움직이지 않으면 공부하는 사람은 계속 그 상태로 공부하려고 하고, 쉬고 있는 학생은 계속 쉬려고만 한다. 앞으로 달려가던 자동차가 바로 정차하지 못하는 것과 같은 원리이다.[20]

학생들을 그냥 내버려 두면 현재 상태에 정지하려는 경향이 있다. 좀 더 성장하기 위해 스스로 노력하기가 쉽지 않다. 외부에서 자극을 주면 움직이는 것처럼 정지해 있는 상태를 움직일 수 있는 모멘텀이 필요하다.

학생들에게 자신의 잠재 능력을 발견하도록 돕고, 꿈과 비전을 제시하는 교사가 되려면 어떻게 해야 할까. 어쩌면 아이들의 마음을 얻어야 하는 것이 우선 과제인지도 모른다. 오직 가르쳐야 한다는 일념으로 살아온 우리 세대 교사들의 숙제이다. 아이들 적성을 파악하여 맞춤 진로 지도를 할 때 마음을 열어 눈높이를 맞추고, 상담할 때마다 진로가 관성의 원리에 의해 올바르게 작동하는지 점검해야 한다.

물체에 힘을 가하면 힘의 크기가 같은 반대의 방향에 반작용의 힘

---

20) 『모든 단위와 중요 법칙 원리집』, 일본 뉴턴프레스 지음, 아이뉴턴, 참조

이 생긴다. 마찬가지로 어떤 학생에게 잘못된 방향으로 안내하면 그만큼 잘못된 방향으로 반작용이 일어난다. 방향성에 대한 고민 없이 진로 지도를 하는 것은 잘못된 방향으로 이끄는 것과 다름없다.

앞을 향해 뛰어가다가 갑자기 멈추면 우리 몸이 앞쪽으로 쏠리는 현상처럼 자신의 현재 상태를 그대로 유지하려는 심리는 이후에도 현재 상태에 계속 머물려고 하기 때문이다.

우리가 농구장에서 공을 바닥에 내려치면 공에 힘을 가한 세기만큼 다시 튕겨 올라온다. 또 고무줄을 양쪽으로 힘을 주어 당기면 당긴 만큼 줄어든다. 가는 말이 고와야 오는 말도 곱다는 속담이 있다.

예를 들어 교실에 들어서자마자 선생님이 짜증 난 소리로 "교실이 왜 이렇게 소란스러워? 공부 안하고 뭐하는 거야, 조용히 안 해?"라고 고함을 지르면 학생들은 바로 말문을 닫아 버린다. '왜 우리는 공부만 해야 하는 건가? 수업 시간에 공부하면 되지, 왜 조용히만 있으라는 거야'라고 생각할 수밖에 없다.

교사와 학생 사이에 신뢰가 추락하면 관심도 멀어지기 시작한다. 반대로 '애들아 안녕! 학교 오느라고 힘들지, 좀 쉬면서 공부해, 잘 모르는 것 있으면 질문해 보렴, 좀 도와줄까?'라고 하면 학생들은 '네 선생님, 좀 있다가 질문할게요. 선생님 최고예요.'라고 할 것이다. 이렇게 대화하고 소통할 수만 있다면 사제 간에 믿음이 생기고 더 열심히 공부해야겠다는 각오를 다지게 된다.

내가 관심을 줄 때 학생들이 잘 따라오고, 또 내가 관심 있게 다가가서 칭찬해 주면 긍정의 힘이 생기며, 또 학생들을 사랑하는 만큼 존경을 받을 것이다. 따라서 교사와 학생의 관계는 학생들의 진로를 자극하는 관성의 힘이 계속 작동되고 있어야 한다.

PART 4

학급 자존심을
높여라

16

하루를 바꾸는 소중한 15분

15대 4 법칙
일을 시작하기 전 15분 동안 우선순위를 정하고 하루 업무를 조직화하면 나중에 4시간을 절약할 수 있다.

아침 8시! 학생들을 맞이하는 시간이다. 삼삼오오 줄을 지어 학생들이 등교한다. 아이들이 재빠르게 교실로 들어가고 또 허겁지겁 뛰어오기도 하는 등교 시간은 하루 중 가장 분주하다. 8시 30분에 1교시 수업이 시작되기 때문이다.

담임 선생님들은 8시 15분에 교실에서 학생들의 출결을 살펴봐야 한다. 결석이나 지각을 하는 학생이 있는지, 아픈 아이는 이디가 이떻게 아픈지, 습관적으로 지각하는 경우는 어떻게 해야 할지 살펴보고 학교의 전달 사항이나 수업 준비에 대해 알려 준다. 조회 시간에 해당하는 15분은 아이들과 소통하는 소중한 시간이다.

일찍 등교한 학생들의 표정은 아무래도 여유가 있고 느긋해서 이런저런 대화를 하기 마련이다. 그만큼 사제 간의 거리감도 좁혀진다. 1교시 수업이 시작되면 담임 선생님은 학생들과 만나는 종례 시간을 기다려야 한다. 그래서 아침 15분은 그날 하루를 어떻게 지낼지 어떻게 잘 활용할지 안내하는 시간이기도 하다.

담임을 맡지 않은 선생님들은 같은 시간에 교무실에서 수업 준비나 관련 업무를 한다. 또 온라인 사이트에 탑재된 수업 내용을 확인한다. 아침 15분은 효율적인 수업을 준비하고, 반복되는 교사 업무를 살펴야 한다.

각자 업무가 시작되기 전에 수업 준비와 해야 할 업무를 파악한 후보다 효율적인 일과의 목표를 정한다. 잘 준비된 하루는 수업이나 업무나 즐겁게 출발하도록 한다. 어느 조직이든 마찬가지겠지만 학교는 변화무쌍한 학생들을 맞이해야 하므로 사전 준비가 중요하다.

담임 선생님과 비담임 선생님의 업무는 차이가 있다. 담임 선생님은 주로 학생들이 학교생활에 충실하도록 안내하는 나침반이자 멘토이다. 비담임 선생님은 행정 업무나 학사 운영에 더 많은 시간을 보낸다. 맡은 업무의 단순 비교는 무리이나, 학교 특성상 업무 역할을 분담할 수밖에 없다.

교사는 학생들의 교육 제공자이다. 교육 수요자에게 교육의 본질을 수행하는 목적은 같으나, 각자 교육적 가치를 계량화하기는 쉽지 않다. 교사의 수업 시간 비교도 무의미하다. 학생들을 가르치는 수업의 질적 제고와 학생들의 만족도가 무엇보다 우선이기 때문이다. 이는 대면 수업에서 중요시되는 교육 목표이나 비대면 교육에서는 또 다른 현실이다.

우리는 코로나 시대의 사는 법을 배우고 있는지도 모른다. 교사의 수업은 비대면 수업만의 어려움이 아니다. 학생들과의 밀접 소통이 어려워지고 학생들의 진로 지도에 부정적인 영향을 끼친다. 지식 전달의 개념을 훌쩍 넘어 상담, 지도, 소통의 역할이 재편되고 있다.

학생들과의 대면 접촉이 소홀해지는 만큼 교사의 권리와 의무도 혼란이 가중되었다. 학생들의 성적 저하는 물론 학교에 적응하지 못하는 학생들이 늘어나고 있다. 이는 미래 교육의 역할 변화에 대해 교사들이 고민해야 할 대목이다.

학생들이 학교 현장에서 머무는 시간이 적어지며 생활 상담이 줄어들었다. 선생님과의 밀접 관계가 멀어지는 만큼 신뢰도 급락하고 있다. 또 교사의 권리와 학생의 인권이 상충되는 현상이 증가한다. 학생들의 인권도 예민하게 작용하고, 학교 폭력, 각종 안전사고 등으로 교사의 책임감은 막중하다.

과거 담임일 때가 생각난다. 나는 교실에서 맨 먼저 등교하는 학생을 지켜보면서 흐뭇할 때가 있었다. 아무래도 일찍 등교한 학생들과의 교제가 자연스럽기 마련이다. 교실에 들어오는 순서대로 자신이 원하는 자리에 앉는데, 앞쪽을 선호하는 아이, 뒤쪽을 선호하는 아이는 정해져 있다. 어떤 심리일까?

학생들과 회의를 통해 지각 규정을 정해 벌금제를 만든 적이 있다. 학생들은 교실에 들어오는 순서대로 등교 일지에 등교 시간을 기록한다. 지각을 하면 500원의 벌금을 내야 한다. 맨 먼저 기록하는 학생에게는 당일 청소를 빼 주는 인센티브도 있었다.

그러나 지각하면 부모님에게 늦은 사유를 전달하고 몇 분 늦었는지 확인해 준다. 이런저런 이유로 부모님과의 소통은 교육에 영향을 미친다. 아무래도 학부모의 도움이 있으면 지각을 하지 않는다. 이로 인해 우리 반은 줄곧 무결석 반 운영 표창을 받았다.

우리 학교는 무결석 반 운영제를 시행하고 있다. 무결석 반 운영 학급은 학급 표창과 함께 노트 한 권씩이 상품으로 주어진다. 과거에는 무결석 반이 많았으나, 갈수록 줄어들고 있어 아쉽다. 아마 시대적 흐름에 따라 학생들의 학습 목표도 바뀌고 있어서 학교가 진지한 공간만은 아니다.

사회적으로 표출되는 교사 위상 또한 위축되어 교사가 천직이라는 교육자 정신이 사라지는 것은 아닌지 우려한다. 한 학급에 60여 명이던 시절도 있었지만, 지금은 20여 명의 학급 운영도 만만치 않다. 학생들의 수업 준비뿐만이 아니라 진로 상담, 생활 지도 등에 처한 어려움을 멘토링해야 하기 때문이다. 학생들도 교육 변화에 따라 진로에 대해 분명하지 않다 보니 수업 만족도와 행복감이 줄어들 수밖에 없다.

목표가 없는 시작은 나침반 없이 바다를 항해하는 것과 같다. 목표 없이 원하는 것을 제대로 성취할 수 없다. 고대인들에게 바다 항해는 미지의 세계 그 자체였다. 해상 지도와 나침반조차 없던 당시에는 해와 별의 위치를 보고 항해의 기준점으로 삼았다. 그들은 지구를 평평한 곳으로 여겨 먼바다 끝은 곧 낭떠러지라고 인식하면서도 죽음의 두려움을 무릅쓰고 계속 항해했다.

해상 지도나 관측 도구 없이 오로지 경험에 의한 항해술을 익혀 먼바다를 나섰다. 먼바다를 항해하려면 기본적으로 배 위치와 방향을 정해야 한다. 고도의 항해 기술과 진정한 용기가 필요했을 것이다. 이후 해상 지도, 나침반, 크로노미터 등 관측기가 개발되면서 정확한 위치를 알고 항해할 수 있었다.

비대면 수업으로 인해 자기주도학습이 어려운 학생들에게는 지금의 상황이 나침반 없는 항해를 하는 것 같을지 모른다. 이럴 때 학생들에게 필요한 것이 바로 '15대 4의 법칙'이다.

미국의 미래학자 제임스 보트킨(James W. Botkin)은 업무를 시작하기 전 15분 동안 우선순위를 정하고 하루 업무를 조직화하면 나중에 4시간을 절약할 수 있다고 하였다.[21] 이 법칙은 기업에서도 직원들의 일과에 적용하여 업무를 직시하고 처리하게 하는 업무의 효율성을 강조하고 있다.

한마디로 15대 4 법칙은 하루 업무 계획의 중요성을 강조한 것에 지나지 않는다. 이는 달리 표현하자면 준비된 계획성이다. 하루 계획을 미리 준비한 학생들은 더 효율적으로 시간을 활용할 수 있다. 아침의 15분 동안 준비한 계획은 설령 4시간이 아닐지언정 1시간만 앞서 갈 수 있어도 엄청난 파급 효과를 가져올 수 있다.

학생들은 수업 시간 외에 쉬는 시간, 그리고 점심 시간과 방과후 학습 등을 잘 활용할 수 있다. 수업 시간과 그 외에 무엇을 할지 준비가 되어 있는 학생은 그 시간이 되어서야 할 일을 생각하는 학생들과는 상당한 차이가 있다.

위드 코로나 시대의 교육 환경은 교육 운영 체계에 있어 다양한 변화를 요구하고 있다. 수업이 교사 중심에서 학생 중심으로 이동하면서 교사와 학생이 함께 성장하는 교육을 말하기도 한다. 가르침과 배움의 선순환을 요청하면서 이전과는 다른 역할 수행이 요구된다.

비대면 수업은 교실에서처럼 학생들을 지도하거나 학습 과정을 관찰할 수 없다. 학생 스스로 자기주도학습 능력의 향상이 절실하다. 그대로 내버려 두면 결국 학생들은 학력이 저하되거나 지속적으로 학업을 이어갈 수가 없다. 이럴수록 학생 지도를 위한 교사의 역량 강화에 무게를 두어야 한다.

---

21) The Monster Under the Bed: How Business Is Mastering the Opportunity of Knowledge for Profit, by Stanley M. Davis and James W. Botkin, 참조

교사의 역할 중 가장 중요한 것은 학생들의 교육적 일탈 현상의 사전 예방이다. 쌍방향 교육 활동을 통해 학생들에게 밀착 지도 피드백, 학생들의 자기 주도적 학습 능력도 중요하지만 우선 15대 4 법칙을 잘 적용하여 실행했으면 좋겠다.

17

디지털 시대에 급훈 역할이 뭐예요?

> **만유인력의 법칙**
> 우주의 모든 물체 사이에는 서로의 질량을
> 곱한 것에 비례하고, 거리의 제곱에
> 반비례하는 인력이 작용한다.

급훈을 정해야 할 시간이다. 1년 동안 학생들과 지켜 나갈 약속을 정하는 중요한 일이다. 급훈은 학급 생활의 목표로서 교사의 교육관과 학생들의 바람직한 공동체 구성의 의지를 담아 학급이 나아가야 할 방향을 제시한다. 교실에 들어섰을 때 보여지는, 학급을 이루는 구성원들의 사명감이 엿보이는 학급의 사명이자 슬로건이다.

나는 고등학교 시절 아무 생각 없이 길을 걷다가 보는 현수막 내용, 상점 간판 등에서 마음을 사로잡는 글귀에 끌려 들어가는 경험을 했다. 그러던 중 우연히 괴테의 생활신조를 읽게 되면서 깊은 감명을 받았다. 괴테는 남을 항상 사랑하라, 현실을 충분히 즐겨라, 과거를 생각하지 말라, 남을 절대 미워하지 말라고 했는데 이후 괴테처럼 생활신조를 행동에 옮기려고 부단히 노력하였다.

학창 시절을 지내면서 선생님들의 교육 철학을 듣거나, 책을 통해서 자신의 생활신조를 갖는 데 많은 영향을 받게 된다. 고등학교 때 교실에 붙어 있던 급훈이 기억난다. 'YES I CAN'이다. 나는 할 수 있다는 긍정적인 메시지의 급훈은 질풍노도 시기인 내게 자신감을 심어 주었다. 이후 항상 긍정적인 생각을 하라는 내용을 포함하여 '내 삶의 교육 철학 5가지'를 정하여 지금도 열심히 실천하고 있다.

학급 담임 시절 먼저 나의 교육관과 생활신조를 소개하고 그중 몇 개의 급훈을 학생들에게 제시하였다. 이들 중 하나를 선택하거나 학급 회의를 통해 학생들이 제시한 급훈을 결정하게 한다. 'YES I CAN, 밝고 긍정적인 삶, 항상 긍정적인 생각을 하자' 중에서 학생들과 함께 정한 급훈을 주로 사용하였다. 또 학생들이 좋은 내용이나 아이디어의 급훈을 제안할 때는 학생들의 의견을 모두 수렴하여 정하였다.

학급 운영에서 가장 중심이 되는 급훈은 학급 좌우명이다. 급훈은 어느 학

급이나 다양한 내용들로 사용하고 있다. 그러나 선생님들 추천 말씀, 유명한 작가의 명언, 책에서 읽은 문구 등이 급훈의 핵심 내용이 되고 근간이 된다. 어린 시절 새 학년이 될 때마다 급훈 내용을 보아 왔지만 가슴 깊이 새기기는 쉽지 않다. 그러면서도 새 학기의 시작은 급훈을 통해 그 학급만이 가지는 보이지 않는 연결 고리가 생긴다.

학급 급훈은 한번 정해지면 항상 학생들과 함께 실천하려고 하였다. 마치 학생들 간에 서로 끌어당기는 힘이 실제로 작동하고 있는 것처럼 말이다. 자칫하면 급훈을 정해 놓고 마치 교실 앞에 걸린 장식품으로 생각할 수 있다. 그렇기에 급훈을 정하는 방법부터 내용에 이르기까지 신중하게 결정한다. 학급에서 정한 규칙으로 학생들 간에 작동하는 힘이 생기기 때문이다.

급훈은 학생들의 정신적 지주로 서로 끌어당기는 힘이 살아 있어야 하고, 학급의 운영 규칙과 밀접해야 한다. 또한 구체적이고 실천적인 개념이 담겨 있어야 한다. 정직, 근면, 검소, 정숙, 창조, 성실 등 추상적인 단어는 학급 생활의 실천과는 거리가 있다. 또 하면 된다, 아는 것이 힘이다, 오늘의 고생 내일의 영광 등은 고압적이고 지나친 경쟁심을 유발할 수도 있다.

교사의 가치관에 대한 강요나 비현실적이고 경쟁을 유발하는 내용도 좋지 않다. 단순히 교실 앞에 부착된 용어가 아니라 학급의 활동 속에서 지속적인 실천 의지가 녹아 있어야 그 힘을 발휘할 수가 있다. 그렇다면 서로 돕는 마음, 함께 뭉치자, 최고보다는 최선을, 우리는 하나, 즐거운 교실 보람찬 하루 등과 같이 실천을 바탕으로 실질적인 내용으로 표현하는 것이 좋다.

어떠한 원인에 의해 똑같은 결과가 나타날 때 하나의 법칙이 성립된다. 학급 운영에 있어서도 학생들의 바람직한 의지를 담은 급훈은 학급을 이끄는 모멘텀이 된다. 학생들은 학교생활을 통해 생활신조나 가치관을 정립할 수 있다.

모든 사물과 현상에는 원인과 결과가 존재하듯이 필연적이고 보편적인 불변의 관계가 있다. 뉴턴은 사과가 땅에 떨어지는 것을 보면서 사과와 지구 사이에는 서로 끄는 힘이 작용할 것이라고 생각하였다. 뉴턴은 우주의 모든 물체 사이에는 서로의 질량을 곱한 것에 비례하고, 거리의 제곱에 반비례하는 인력이 작용한다는 '만유인력의 법칙'을 주장하였다.[22)]

만유인력은 지구의 질량이 지구 중심에 있다고 가정하여 지구 전체와 한 물체 사이에 상호 작용을 한다. 지구상에 있는 조그만 물체와 커다란 지구 전체 사이에는 끌어당기는 힘이 작용한다는 것이다. 이 같은 만유인력이 곧 중력(重力)이다.

뉴턴은 '내가 남들보다 조금 더 멀리 바라볼 수 있었던 것은 거인들의 어깨 위에 서 있었기 때문이다'라는 말을 남겼다. 이는 제4차 산

☺
22) EBS, 만유인력의 법칙- 중력(2008. 12. 11. 방송) 참조

업 혁명 시대까지의 발전 과정 속에서 지금껏 우리가 살아왔고 거듭 발전해 온 기술 혁명의 연구와 업적에 기본을 두고 있다는 것이다.[23]

'거인의 어깨 위에 서 있는 소인'이라는 표현은 학교에서도 적용된다. 멀리 바라볼 수 있는 소인의 발밑에 거인이 있듯이 학급을 운영하는 참신한 아이디어 속에는 교사가 오랫동안 쌓아 온 경험과 교육 철학 등의 교육관들이 있다.

처음에는 서툴지만 시행착오를 통한 철학을 교사의 경험과 교육관에 바탕을 두고, 수많은 시도와 노력으로 연결되어 미래를 이끌어 갈 유능한 교사로 성장하는 것이다. 더 멀리 바라보기 위해서 거인은 더 커져야 하고 소인은 더 높아진 어깨를 딛고 올라가기 위한 노력이 필요하다.

교사는 더 큰 거인을 위해 교육 현장 경험과 교육 철학 등으로 학생들의 창의력 신장을 위해 다양한 시도를 해야 한다. 거인이 커질수록 높은 어깨를 딛고 올라서야 하는 소인에게는 더 많은 노력이 필요하다.

초보 교사일수록 학급 운영의 실패에 따른 책임으로 인해 새로운 노력과 혁신적 아이디어의 발굴을 두려워할 수 있다. 자신의 어깨를 내어 주는 거인과 그 어깨를 딛고 올라가는 용기 있는 소인이야말로 진정한 교사로의 책임을 완수하는 것이다. 거인을 키우고 학생들에게

---

23) 『뉴턴과 아인슈타인: 우리가 몰랐던 천재들의 창조성』, 홍성욱 외 지음, 창작과 비평사, 참조

꿈과 희망을 주는 교사가 되는 것이야말로 진정한 교사의 역할이자 책임이다.

1664년, 유럽을 강타한 페스트 때문에 2년간 격리 생활을 했던 뉴턴은 오히려 시련을 재도약을 위한 기회로 바꾸었다. 당시의 페스트는 인류 최초의 팬데믹이라 할 수 있다. 영국 런던을 포함하여 사회적 격리로 인해 캠브리지대학교를 비롯한 많은 대학이 문을 닫았다. 뉴턴도 어쩔 수 없이 고향으로 내려와야 했다.

뉴턴은 페스트로 인해 고향에 있던 기간이 발견의 전성기였다고 한다. 어렸을 때처럼 사과나무 밑에서 푸념하고 있을 때 한 개의 사과가 툭 떨어진 것을 보고, 그는 깊은 생각에 잠겼던 것이다. '왜 사과는 옆으로 안 떨어지고 위에서 아래로 떨어지는 것일까?' 의문을 품게 된 것도 그 시기이다.

그는 페스트로 위축되던 시기에도 생각하고 끊임없이 연구 활동하면서 런던으로 돌아갈 준비의 시간으로 활용하였다. 깊은 사색과 연구에 몰두한 끝에 위대한 만유인력의 법칙을 발견하여 인류 과학의 역사적 흐름을 바꿔 놓았다.

재택 수업이 늘어나면서 학생들의 위축된 학교생활을 생각하면 마음이 아프다. 팬데믹 시기를 잘 극복하여 도약하는 웅크림의 시간으로 만들어 가야 한다. 그러나 학생들과의 대면 수업이 줄어든 것에 대해 크게 절망할 일은 아니다.

뉴턴이 고민하고 연구에 좀 더 깊이 몰입하여 위대한 발견을 했듯이 담임 교사는 급훈의 정신적 위력을 통해, 학생들 간의 인력을 통해 자신들의 진로를 발견하도록 가르쳐야 한다. 위기 속에 기회가 오듯이 우려스러운 상황에서도 학교 교육의 새로운 시도이자 성장 기회이기도 하다.

교사가 바라는 학급 운영 규칙은 교사와 학생들 간에 끌어당기는 만유인력이다. 물론 여러 원인이 있지만 가장 강조되는 것이 바로 서로 당기는 노력의 힘이다. 간절히 바라고 구하면 이루어진다! 이것이 학급 운영의 핵심이다. 이를 증명하기 위한 수단인 급훈의 역할은 학생들과 소통하고 공감하는 노력이라고 할 것이다.

우리 학교 급훈의 예

밝고 맑고 자신 있게, 바르고 아름답고 향기롭게, 見得思義(얻을 것이 생기면 옳은지 생각해 보라), 자율적인 나 협동하는 우리, 제때 제자리에 제 차림으로, 바른 자세 밝은 마음, You can change your future, 항상 입가에 미소를, 내일의 희망으로 오늘을 인내하자, 모든 일에 감사하자, 밝고 긍정적인 삶, 사랑하는 마음을 갖자, 밝은 마음 웃는 얼굴, 섬기는 사람이 되자, 준비된 자에게 기회는 찾아온다, YES I CAN, 큰 뜻 큰 사람, 자기 삶의 주인이 되자, 미래는 노력하는 자에게만 있다, 인내는 쓰고 열매는 달다, 모든 일에 감사하자!, 항상 긍정적인 생각을 하자, Effort First Harvest Second, 최선을 다하자

학년별 급훈의 예

1학년	1반이 미래다, 2쁜 2반 2쁘니들, 다름을 인정하고 서로를 배려하자, 화려한 조명이 4반을 감싸네, 최선을 다하는 하루, 내가 깨면 병아리 남이 깨면 후라이, 'seven'teen, 정직하고 뚜렷하게, 쉽지 않은 학교생활, 귀여운 내가 참아 준다
2학년	우리 엄마도 계 모임에서 말 좀 하자, 기분이 태도가 되지 말자!, 밝고 깔끔하고 자신 있게, 서로 다름을 인정하고 배려하자, Oh, my God!(오, 내신!), 6 can do it!, 카르페 디엠(Carpe diem), If you can dream it, you can achieve it., No pain, no gain!
3학년	누가 누가 취업 잘하나? 우리지롱~~~^3^, 남부럽지 않게 쑥쑥 벌자, 큰마음으로 살자, 준비된 사람에게 기회는 찾아온다, 처음처럼, 상상할 수 없는 꿈을 꾸고 있다면, 상상할 수 없는 노력을 해라, 진인사 대천명(盡人事 待天命), 고진감래(苦盡甘來), 재능은 피워 내는 것, 센스는 갈고 닦는 것

18

학급 경영 열쇠는 회장 부회장 선출이다

해리의 법칙
사람들은 자신보다 못한 사람을 고용하는
경향이 있다.

　담임을 맡았을 때였다. 새 학년 새 학기가 시작한 지 일주일이 흐르고, 학급 회장과 임원을 선출하는 날이었다. 새 학년 학급이 구성되면서 학생들은 임원이 되었으면 하는 후보자들을 점찍어 두는 경향이 있다. 며칠 동안 친구들과의 만남과 인사를 통해 서로 탐색전을 하며 새 학기를 대표할 새로운 임원이 선출되기를 기대한다.

　담임은 학급 임원 선출에 관여하지 않고 자율권을 부여한다. 교사의 편견을 가능한 한 배제하고 학생들 스스로 소견을 듣고 임원을 뽑는다. 예전에는 공부 잘하는 학생 중심으로 담임이 추천하여 회장이 되기도 했고, 임원 경험자를 임시 회장으로 지명한 후 투표를 통해 학급 회장이 되기도 했다.

회장과 부회장 선출을 위해 학급 아이들의 의견을 대변하거나 건의 사항 등을 수렴하여 필요한 일들을 준비하게 하고, 먼저 회장 선출 방법을 안내한다. 학급을 대표하는 학생에게 투표를 진행하도록 의견을 제시하는 정도이다.

학급 회장은 인기가 많거나 친한 친구를 뽑아 주는 것이 아니라 봉사와 희생정신이 투철한 학생이 선출되도록 당부하고, 투표 방법과 절차에 따라 최다 득표자는 회장이 되고, 두 번째 득표자가 부회장이 된다는 점을 미리 일러 주었다.

지금은 학급 임원을 하려는 학생들이 줄어든다. 아마 친구들을 대표하기 위해 시간과 열정을 쏟는 것이 부담스러운 듯하다. 회장은 선생님의 심부름꾼이라는 편견도 작용하고, 공부에 방해가 될 거라고 생각한다.

회장 후보 추천을 받자 5명이 나왔다. 스스로 회장이 되고 싶다고 자원한 1명과 친구들이 추천한 4명이었다. 5명의 후보자는 각자 소견을 발표하고 학급 운영 방향을 제시하였다. 개성 있는 소견 발표는 학생들이 투표할 후보자를 지명하는데 큰 도움이 된다. 후보자들이 학급을 위해 얼마나 노력하고 봉사할 수 있는지 확인하는 순간이다.

학급을 이끌어 가고자 나름대로 행복한 학급, 공부 잘하는 학급,

배려하는 학급, 즐거운 학급, 협동하는 학급 등 공약을 내걸고 최선을 다하겠다고 호소하였다. 투표용지를 배부받은 아이들은 긴장된 마음으로 학급 회장은 누가 되면 좋을지 마음을 졸이며 투표를 하였다.

드디어 진행하는 학생 둘이 칠판에 바를 정(正)자를 써 가면서 한 표 한 표 후보자 이름을 부르고 표시했다. 사뭇 진지하였다.

회장 부회장이 결정되는 개표의 마지막 순간이다. 최대 득표자와 두 표 차이로 회장 부회장이 결정되었다. 최다 투표자 은희가 회장이고, 두 번째 많은 득표자인 선미가 부회장으로 선출되었다. 은희와 선미는 '앞으로 우리 반이 최고 학급이 될 수 있도록 최선을 다하겠다'는 당선 소감을 발표하였다. 순간적으로 인기순으로 당선되었음을 직감하였다.

얼마 후 학급 임원으로 당선된 은희와 선미는 학급 조직표를 구성하였다. 서기와 총무, 선교부, 학습관리부, 지도부, 환경봉사부, 생활체육부의 조직표였다. 각 부서의 부장과 차장을 뽑고 나머지 부원으로 구성된 학급 운영 조직이 완성되었다.

학급 회장이 친한 학생들로 부서 편성을 했다는 것을 쉽게 알 수 있었다. 사실 학급의 임원을 잘 선출하고 편성해야 하는 건 누구나 다 아는 사실이지만 그렇게 되기가 쉽지 않다. 인기 영합의 학급 편성은 건강한 학급 운영이 되기보다 추락하는 경우가 많다.

학급 운영에서 엄청난 고생을 한 기억이 있다. 학생들 간의 소통과 화합이 잘 안 되고, 학급의 평균 성적도 좋지 않았다. 학기 초에 상담 기회를 놓쳐 학생들을 제대로 이해하지 못하고 개인 성향을 파악하지 못한 내 탓이기도 했다. 이후 학급 임원을 선출하기 전에 반드시 개별 상담을 거치는 편이다.

학급 회장과 부회장 역할도 중요하지만, 부서의 부장과 차장도 그 비중이 상당히 크다. 회의에서 부장과 차장의 역할이 중요하다. 회장과 부회장이 학급을 잘 이끌어 가면서 역할을 다하지 못할 때 각 부서의 장이 대신 나서야 하기 때문이다.

미국의 경영 컨설턴트 해리 덴트(Harry S. Dent)[24]가 기업의 인재 채용 행태를 다년간 분석해 사람들은 자신보다 못한 사람을 고용하는 경향이 있다는 '해리의 법칙(Harry's Rule)'을 도출하였다. 뛰어난 사람은 자신보다 부족한 사람을 고용하고, 뛰어나지 못한 사람들도 자기보다 부족한 사람들을 고용하려는 경향이 있다. A는 A-를 고용하고, A-는 B를 고용하고, B는 C를 고용한다는 것이다.[25]

결정권자가 인재를 등용하는 성향에 따라 효율적인 조직이 되거나 비효율적인 조직이 될 수 있다. 학급 조직도 마찬가지이다. 학급 회장은 각 부서장과 구성원의 의견을 수렴하여 학급 친구들과 함께하며 임원들과 협력하는 부장들이 구성되어야 학급 운영이 효율적이다.

24) 경제예측 전문기관 덴트연구소(Dent Research) 창업자이자 HS덴트재단(H. S. Dent Foundation) 이사장.
25) 『수중혜 : 내 손 안의 지식 은장도』, SERICEO 콘텐츠팀 지음, 삼성경제연구소 발행, 참조

그러나 회장 부회장이 좋은 성품을 가지고 있더라도 자기보다 못한 부장과 차장을 선출하려는 경향이 있고, 실제로 우수한 학생을 부장으로 지명하는 경우는 흔치 않다. 막상 지명하는 기준을 자신을 잘 따를 것인지에 두게 된다.

　이때 담임 역할이 필요하다. 자칫 담임이 무방비 상태이거나 적기에 학생들과 상담할 기회를 놓치면 학생들은 학급 임원으로 선뜻 나서려 하지 않는다. 그러다 보면 학급 조직은 제 기능을 발휘하지 못하고, 신학기에 준비했던 학급 운영 방향이 엉뚱하게 흘러갈 우려가 있다.

　세계적인 기업일수록 회사 조직에 능력 있는 직원들을 잘 채용함으로써 성공한 경우가 많다. 유능한 임원은 자신의 능력을 비교하기보다 회사 조직에 필요한 우수한 인재를 채용하여 그들의 재능을 충분히 활용한다. 부하 직원들의 핵심 역량을 잘 파악하고 이해해서 회사 발전에 역량을 최대한 발휘하도록 배려하고 조언하여 성과를 이루어 낸다.

　어느 조직이나 뛰어난 사람이 많이 모여 있다고 해서 좋은 성과를 이루어 내는 것은 아니다. 각 사람의 재량이 적재적소에서 발휘될 때 함께 더불어 발전할 수 있다. 그러나 어리석은 리더는 회사의 발전보다 일을 시키기 쉬운 사람을 뽑는다. 자신이 직위를 보존하거나 평가받을 때 위기감을 느끼기 때문이다. 또 자신에 대해 잘났다는 평판이 아니라 뒤처진다는 소리를 듣는 것을 두려워한다.

　학교 조직도 관리자인 교장과 교감 그리고 중간 관리자인 부장 교사가 그 역할을 수행한다. 학교장에게 유능한 부장의 선임은 중요하다. 학교 발전에 창의적인 부장을 발굴하는 것은 물론 학교 현장 변화에 적용할 수 있는 역량을 개발하여 디딤돌 역할을 하도록 지지해야 한다.

담임 교사는 해리의 법칙을 좀더 객관적인 반어법으로 해석하기를 바란다. 누가 보더라도 역량 있는 학급 부서장을 정하는데 현명한 결정권자가 되도록 지지하고 응원해야 한다. 그래야 실천하는 미래 교육의 희망을 만날 수 있다. 학급 운영은 학생들이 주도할 수 있도록 하되 학생 개별 상담을 통해 개인 차이를 이해하고 조직을 구성하는 데 긍정적인 조언은 필수 조건이라고 할 것이다.

새 학기 상담 기간에 신중한 상담을 하면서 학생들의 성향을 미리 파악하는 것이 좋다. 과거에는 새 학기가 시작하기 전에 아예 상담 조건이 주어지지 않았으나 지금은 그렇지 않다.

학급을 사랑하고 또래 친구들과 소통하는 것이 리더에게 가장 우선 조건이지만, 누구나 학급 구성원으로서 학급에 기여할 수 있다는 인식을 갖는 것이 선행되어야 한다.

또한 담임은 민주 선거를 통해 정해진 회장과 부회장이 학급 구성원 누구나 소외되지 않게 존중하면서 학급을 이끌도록 관심을 가져야 한다. 리더에게 책임감을 가지고 수행하도록 학급 상황을 자상하게 관찰하면서 필요가 무엇인지 조언하고 안내해야 한다.

19

해피 바이러스 효과를 찾아라

> **깨진 유리창의 법칙**
> 깨진 유리창 한 장을 방치해 두면 그 지점을 중심으로 범죄가 확산하기 시작한다.

학교 폭력 예방 캠페인의 날, 각 학급의 안전요원과 인성 담당 선생님들이 등굣길에 캠페인 활동을 벌이고 있었다. 온라인 수업과 등교 수업이 교차로 이루어지던 시기여서 1학년과 3학년 학생들이 등교하는 날이다.

이 캠페인은 건강하고 안전한 일상이 되도록 학생들을 안내하는 행사였다. 학생들이 행복하고 안전한 학교를 위하여 모두의 관심과 사랑이 중요함을 알리고 있었다. 팬데믹으로 사회적 거리두기 상황이어서 비대면 수업에서 벗어난 등굣길 학생들은 유난히 활기차고 생동감이 있었다.

학교 폭력은 사전 예방이 우선이다. 폭력과 혐오에 무방비로 노출된 디지털 세상에서 우리 아이들이 분별력 있게 판단할 수 있도록 안내하고 사전에 예방하고 보호받아야 한다. 신체 폭력뿐만 아니라 사이버 폭력, 언어 폭력, 따돌림, 금품 갈취, 강요, 성폭력 등 다양한 위험에 노출되기 때문이다.

이렇듯 학생들을 위험에서 보호하기 위해 세심한 배려와 관찰이 필요하다. 학급에서 친구 관계에 문제가 있는 학생은 없는지 살펴보아야 한다. 안색이 지나치게 안 좋고 기운이 없거나 불안한 기색을 보인다면 개별 상담이 우선이다. 스마트폰이나 컴퓨터를 확인하면서 민감하게 반응하고 괴로워한다면 문제의 가능성이 크다. 간혹 교사에게 무작정 반항하거나 이유 없이 분노할 때도 유사한 경우가 많다.

가령 전학을 간다는 이유로 담임에게 상담을 요청하는 학생이 있다. 사연을 알아보면 진로 변경 문제라고 하지만, 말 못 할 사정이 있다는 것을 짐작할 수 있다. 진로 변경이라고 하면서 속사정을 숨기려하거나, 엉뚱한 변명을 늘어놓기도 한다.

상담 과정을 겪다 보면 대부분 친구 간의 갈등으로 전학을 가려는 경우가 많다. 한 학생이 전학한 후에 또 다른 학생이 전학하려는 경향이 있기 때문이다. 한 학생의 전학이 학급 분위기를 망가뜨리고 서로 신뢰하지 않는 상황으로 이어져서 전학 상담은 특히 신중해야 한다.

한 학생의 문제가 학급 전체를 위기 상황으로 만들기도 한다.

학생들 사이에 깨어진 신뢰는 일종의 바이러스 같다. 한 학생을 그대로 두면 나머지 학생들의 병을 키우는 꼴이다. 발생 초기에 해결하지 못하면 광범위하게 퍼져 나간다. 이런 이유로 진로 변경을 의뢰하는 학생에게는 곧바로 학부모와의 상담 절차로 이어진다. 담임 교사-진로 담당 교사-진로 상담 부장-교감-교장 순으로 신중하고 진지한 상담 과정을 거쳐 진로 변경을 지도한다.

이러한 이유에서 학교 폭력 예방 캠페인을 시행한다. 교사와 학생, 학생과 학생 간의 댓글이나 채팅에서 즉흥적인 욕설 혹은 불건전한 내용의 글을 쓰지 않고 바른 말을 쓰도록 한다. 스마트폰이나 컴퓨터에서 사이버 학교 폭력 및 게임, 도박 등 인터넷·스마트폰 과의존에 노출될 우려가 있는 학생들을 보호한다.

또 학생들이 게임이나 도박 사이트에 잘못 들어가지 않도록 지속적인 관심으로 관찰해야 한다. 사이버의 익명성이 보장되는 공간에서는 카페나 블로그, 트위터, 페이스북 등 다양한 매체를 통해 잘못된 댓글들이 마구 퍼져 나가고 있기 때문이다. 하나의 댓글은 깨진 유리창의 법칙같이 순식간에 팔로워에 의해 확산한다.

미국 범죄학자 제임스 윌슨(James Wilson)과 조지 켈링(George Kelling)은 사회 무질서에 관한 깨진 유리창 이론(Broken window theory)을 주장하였다.[26] 깨진 유리창 한 장을 방치해 두면 그 지점을 중심으로 범죄가 확산되기 시작한다는 법칙이다. 즉 사소한 문제를 그대로 방치해 두면 더 큰 문제로 번질 수 있다는 것이다.

　스탠퍼드대학교 필립 조지 짐바르도(Philip George Zimbardo) 교수는 2대의 중고 자동차를 사들여서 1대는 뉴욕 외딴 골목길에 주차하고, 또 1대는 스탠퍼드대학교 인근에 주차한 후 다음과 같은 실험을 하였다. 1대의 자동차에는 보닛을 열어 둔 상태로 두고, 다른 1대는 앞 유리창을 깨뜨려 놓았다.[27]

　일주일 동안 관찰해 본 결과, 보닛을 열어 둔 자동차는 일주일 전과 마찬가지로 아무런 변함이 없었다. 하지만 앞 유리창을 깨뜨려 놓은 자동차는 배터리와 라디에이터가 없어지는 등 심각하게 훼손되어 있었다. 이는 사람들이 주위 환경과 상황에 따라 사물을 대하는 모습이 다르다는 것을 알 수 있다.

　나는 수년 전 서울 시청 시민청에서 (사)바른댓글실천연대 초청을 받아 청소년을 대상으로 '나를 변화시킨 감동적인 댓글'에 대해 강연한 적이 있다. 청소년에게 선플 달기에 대한 인식과 사용법을 분명하게 일러 주려는 의도였다. 강연 도중에 학생들에게 다양한 의견을 수렴하여 선플과 악플에 대해 소개하였다.

　강연을 통해 알게 된 것은 친구 간에 별생각 없이 아무렇게나 댓글

26)『깨진 유리창 법칙』 마이클 레빈 지음, 김민주·이영숙 옮김, 흐름 출판, 참조
27)『루시퍼 이펙트』 필립 짐바르도 지음, 임지원·이충호 옮김, 웅진지식하우스, 참조

을 단다는 사실이었다. 사이버상이라는 심리가 작용하는 듯하다. 해서 상대방에 대한 예의를 갖추고 도덕적으로 바람직한 댓글을 달도록 더욱 강조했다.

선플은 건강한 칭찬과 진지한 희망의 댓글, 올바른 단어 사용은 물론 예의 있는 답변으로 서로 좋은 이미지를 갖도록 한다. 하지만 악플은 누군가의 마음을 멍들게 한다. 비방이나 험담을 하는 악의적인 내용이나 모욕감을 느끼게 하는 부정적인 단어를 사용하지 않도록 조심해야 한다. 이것이 강의 내용의 핵심이었다.

한 사람이 선플을 달면 선플로 이어지지만, 악플을 달면 악플로 이

나를 변화시킨 감동적인 선플

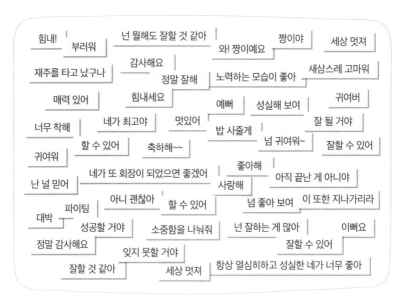

어져 단톡방은 물론 나아가 사회 전체를 병들게 한다. 강의 중에 다루었던 '나를 변화시킨 감동적인 선플과 나를 실망케 하는 악플'은 아래와 같다.

담임은 학생들이 말하기 전에 깨진 유리창을 발견하고 상담해야 한다. 깨진 유리창을 발견했다면 학생 상담은 어렵지 않다. 깨진 유리창을 통해 진로 계획을 세우도록 도와주면 된다. 상담 과정이 힘들기도 하겠지만 불가능한 일이 아니다.

상담 원칙은 깨진 유리창의 법칙을 항시 기억해야 한다. 학생들과

나를 실망하게 한 악플

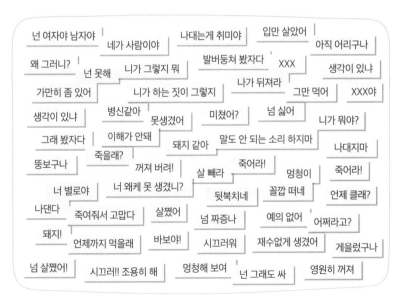

의 신뢰가 무엇보다 중요하다. 학생이 교사를 신뢰하지 못하는 것은 사소한 것에서 시작되기 때문이다. 진로 상담을 잘못하거나 큰 실수를 해서가 아니라 말 한마디나 사소한 행동에서 불신의 싹이 자라 결국 신뢰하지 못하게 된다.

특히 교사 업무가 바쁘다고 해서 상담을 제때 못하면 학생들과의 사이에서 신뢰가 깨진다. 또 학생들의 상황을 경청하지 못하거나 마음을 읽지 못하면 학생의 태도나 말에서 부정적인 결과를 얻게 된다. 학생을 배려하지 않는 교사, 학생을 이해하지 못하는 교사가 되는 것이다.

학생과의 상담은 먼저 듣고 가능하면 긍정적인 상황으로 끌어낼 수 있어야 한다. 학생에게 NO라는 대답이 나오지 않도록 눈높이를 읽는 마음가짐이 중요하다. 선생님을 불신하면 더 이상 상담하려고 하지 않는다. '내 마음을 잘 이해하지 못해! 상담이 전혀 도움이 안돼!'라고 판단한다. 결국 교사와의 상담 내용이나 진로 안내를 불신한다.

따라서 학생의 의견을 들은 후 교사의 의견을 덧붙이는 유연한 대화 방식이 좋다. 특히 학생들과의 주기적인 상담으로 깨진 유리창이 되지 않도록 해야 한다. 학생들에게 "혼자 힘들었겠어요!", "지금이라도 이야기해 줘서 고마워요." 등 공감과 지지로 상처받은 마음을 위로하는 것이 먼저다. 무엇보다 학생이 심리적으로 안정감을 얻고 편안하게 자신의 상황을 말할 수 있도록 차분히 따뜻한 말로 대화하는 것이 중요하다.

상담 기법 중에 'Yes-But'과 'Yes-Taking'이 있다. Yes-But 기법은 학생의 말을 무시하지 않고 먼저 배려하는 자세로 설명해 주는 것이다. 학생과의 상담은 대화 방식을 조금만 바꾸어도 무한한 신뢰로 이어진다. 신뢰와 믿음은 사소한 것에서 이루어진다. 예를 들어 학생들이 잘 알아듣지 못할 때도 무시하지 않는 것이다. "네~ 그렇게 생각할 수 있겠어요."라고 공감해야 한다. 만약 "아니요, 그게 아닌데요."라고 반응한다면 대화가 이어지지 않기 때문이다.

또 Yes-Taking 기법은 학생들이 긍정적인 답을 하도록 배려하는 것이다. 학생의 의견을 정확히 파악한 후 그 마음을 지지하는 질문을 하는 것이다. 학생들이 "네~ 사실이에요", "네~ 맞습니다."라는 답변이 나오도록 질문하면 된다. 교사가 자신의 고민을 잘 이해하고 있다는 것을 보여준다면 상담 신뢰도를 높일 수 있다.

인간관계는 사소한 관심과 말 한마디에 결과가 달라질 수 있다. 깨어진 유리창은 사소한 곳에서 발생하며, 좀처럼 예방하기가 어렵고, 자칫 문제를 소홀히 여기다가 문제가 커진 후에 해결하려면 몇 배의 노력이 들어간다.

그래서 지속적인 관찰이 필요하다. 학생들이 괴로워하는 경우가 없는지, 혹은 한 장의 깨어진 유리 때문에 손해를 보거나 피해를 준 적이 없는지 살펴야 한다. 무엇보다 좋은 말 한마디가 잔잔한 감동과 행복을 가져다준다는 것을 잊지 말아야 한다.

20

학교는 무엇보다 안전이 우선이다

> **하인리히의 법칙(Heinrich's law)**
> 한 번의 큰 재해가 있기 전에 그와 관련된
> 작은 사고나 징후가 먼저 일어난다.

몇 년 전 학교 앞 등굣길이 위험천만한 보행길로 알려졌다. 보행길은 차량과의 접촉 사고가 종종 발생하는 통학로였다. 버스 정류장에서 학교 정문까지 100미터 정도의 도로는 걸어 다니는 사람들과 차량으로 뒤엉켜 사고 위험이 도사리고 있었다.

특히 비 오는 날에는 우산을 들고 가방까지 멘 학생들이 오가는 차들을 피하느라 정신이 없다. 교문에 들어오기까지 1분 1초를 다투는 학생들은 지각 체크의 불안감을 감추지 못해 더욱 분주하다. 아침마다 보행로의 위험을 무릅쓰고 지각하지 않으려고 뛰다시피 이동한다. 그럴수록 차량과 보행자 부주의로 사고 위험이 도사리고 있어 불안하기만 하다.

통학로는 학생들 안전에서 최우선 지역이었다. 선생님들은 학생들이 위험을 무릅쓰고 등교하는 모습을 보며 큰 고민거리였다. 등굣길은 학생들과 차들이 뒤엉켜 불안한 등교가 이어졌다. 좁은 이면 도로에 차도와 보행로가 혼재하여 종종 접촉 사고가 발생하곤 했다.

차량 2대가 겨우 지나가는 도로는 항시 주차된 차들로 인해 더욱 혼잡했다. 도로에 주민 차량과 외부 차량을 주차해 놓았기 때문이다. 또 차들끼리 마주칠 땐 1대가 후진을 해서 비켜 주어야 주행이 가능했다.

나는 학교 정문 앞에서 오래 지켜본 지역 주민 자격으로 대안을 찾기로 했다. 주민들과 함께 지역개발추진위원회 위원으로 활동하면서 친분을 쌓아온 터였다. 몇몇 주민 대표들을 만나 안전한 등굣길 만들기에 협조를 구하고 주민들의 동의를 얻었다. 주민들도 등굣길 도로에 불법 주차하지 않도록 협조해 주었다. 주민들의 차량보다 외부 차량의 불법 주차가 많았다는 것을 파악할 수 있었다.

우선 구의원에게 도움을 청하고 담당 구청에 협조를 구했다. 통학로 확보를 위해 도로 옆에 길게 이어진 화단을 없애고 보행로를 넓혔다. 불법 주차를 못 하도록 주차 단속 CCTV를 설치해 줄 것을 청원하였다.

몇 개월 후 드디어 안전한 보행로가 확보되고, 차량이 비켜 갈 수 있는 차도도 확보되었다. 보행로와 차도를 구분하기 위해 안전 바를 설치하고, 주차 단속 CCTV가 설치되었다. 안전한 등굣길이 가능해진 것이다. 이후 등굣길 접촉 사고는 사라지고 학생들도 안전하게 등교할 수 있게 되었다.

1930년대 초 미국의 한 보험 회사 관리자였던 허버트 윌리엄 하인리히(Herbert William Heinrich)는 큰 재해가 있기 전에 관련된 사고나 징후가 먼저 일어난다는 법칙을 이야기했다. 큰 재해로 1명의 사상자가 발생할 경우, 그 전에 일어난 재해로 경상자가 29명, 또 같은 원인으로 부상할 잠재적 상해자가 300명의 비율로 발생한다는 이론이다. '하인리히의 법칙' 또는 '1대 29대 300 법칙'이라고도 한다.[28]

이는 대형 사고가 발생하기 전에 그와 관련된 수많은 경미한 사고와 조짐들이 반드시 나타난다는 법칙이다. 사소한 재해의 징후를 내버려 두면 큰 재해로 이어질 수 있다는 의미이기도 하다. 따라서 사고 원인과 발생 사이에 직접 원인이든 간접 원인이든 필연적인 관계를 사전에 파악하여 방지 대책을 세운다면 재해를 예방할 수 있다.

미국의 위기관리연구소에 의하면, 5만여 건의 각종 위기 사례를 분석한 결과 사례의 86%는 갑작스럽게 닥친 위기라기보다 이미 장기

☺

28) 『비즈니스 프레임워크 100 유용한 키워드 도감』, 스즈키 다카히로 지음, 이재덕 옮김, 성안당, 참조

간에 걸쳐 위험의 조짐이 있었다고 하였다. 하인리히는 도미노 이론을 적용하여 사고 원인이 어떻게 연쇄적인 반응을 일으키는가를 실험하였다. 도미노 이론은 다음과 같다.

1단계 : 사회적 환경 및 유전적 요소(기초 원인)

2단계 : 개인의 결함(간접 원인)

3단계 : 불안전한 행동 및 불안전한 상태(직접 원인)

4단계 : 사고

5단계 : 재해

다섯 개 도미노를 일렬로 세워 놓고 도미노 하나를 쓰러뜨리면, 연쇄적인 반응으로 차례대로 쓰러진다. 도미노가 연쇄적으로 넘어지려고 할 때 불안전한 상태나 행동을 제거하면 사고와 재해로 이어지지 않는다는 것이다. 사고가 발생하기 전에 주위의 불안전한 상태나 행동 요소를 제거하면 예방할 수 있다.

지난해 우리 학교는 교육부가 주관하는 '안전연구학교 공모'에 선정되어 안전사고 예방을 위해 캠페인 활동을 추진하였다. 학생과 교직원의 안전의식을 고취하고, 안전사고를 예방하며 위기 상황에서 대처 능력을 갖추기 위해서다.

학기 초에 학생 안전지킴이를 조직하여 교통 지도, 생활 지도 등 실생활에서 부주의로 발생할 수 있는 안전사고 예방 및 안전생활 문화 정착을 위해 운영하였다. 안전지킴이는 각 학급에 1명씩 선발하였다. 안전교육은 학교 내 교육 활동, 학교 밖 체험 활동, 사이버상의 사고 위험에 대비하기 위해서이다.

특히 코로나로 인해 감염의 위험 요소가 심각한 사회 현상을 불러일으켜 사회적 거리두기 캠페인도 벌이고 있다. 또 각종 재난 및 안전사고의 발생으로 학생들의 생명 및 신체의 안전을 위협에 철저히 대비하고 있다.

안전연구학교 운영은 학교 교육 과정에서 안전교육을 실시할 뿐 아니라 안전의식을 지역 사회로 확장하고 있다. 또 학교 교육 계획에 안전 연수 계획을 포함하고 있다. 획일적인 이론 교육과 교내에서 시행했던 안전교육에서 벗어나 실제 상황에서의 대응 능력을 높이기 위해 안전 캠프를 개최하였다.

또 다른 연구학교들은 재난구조대와 해양소년단, 학부모 자원봉사자 등이 참여해 강사와 보트, 부표, 구명동의 등을 지원받아 운영한다. 학생들은 인공호흡법, 구명보트 사용법 및 탈출법, 구명환 사용법, 주변에서 구할 수 있는 물건으로 인명 구조법, 생존 수영법 등을 훈련받는다.

그리고 학교 안전 계획에 안전에 대한 연수 규정을 설치하고 안전교육 7대 영역 중 교사들이 담당하기 어려운 전문 분야에 대해 외부 전문 강사를 지원받는다. 주간 안전의 날, 학교 안전 주간을 지정하고 운영하는데, 매일 아침 '5분 안전 교육'을 실시하는 것이다.

이 무렵은 많은 학교가 체육대회, 수학여행을 비롯하여 각종 체험 활동 등 야외 활동 빈도가 점점 늘어나던 때였다. 당연히 안전사고 예방의 필요성이 절실했다. 그러나 현실적으로 학교 행사에 적합한 안전사고 예방 지침이나 교재가 부족했고, 체험 중심의 교육 프로그램이 미흡한 실정이었다.

또 교사 대상의 안전교육 확산이 절대적으로 필요했다. 학생이 교육 활동 중 직면하는 각종 상황에 따른 안전교육을 지도해야 하기 때문이다. 안전의식은 하루아침에 이루어지지 않는다. 학교 안전교육의 효능을 높여 학생들의 안전 감수성을 일깨울 필요가 있었다. 어려서부터 가정과 학교에서 안전교육이 체계적이고 조직적으로 이루어질 때 안전의식이 형성된다.

학생들의 안전의식을 조사해 본 결과, 안전교육에 대한 중요성은 잘 알고 있었다. 단지 이론 교육 등 형식적인 안전교육을 지양하고 다양한 상황에 대한 체험 중심의 실질적 교육에 흥미롭게 참여하기를 원했다. 실생활에서 일어나는 안전사고에서 자신을 보호할 수 있는 위기 대응 능력이 있어야 했다.

학교 내 시설물에도 위험 요소가 많았다. 안전사고 예방 교육을 강화하여 학생들을 사고로부터 보호해야 한다. 이외에 학교 폭력, 재난 안전, 실종·유괴, 체험 활동, 응급처치, 질병 예방, 안전사고, 교통안전, 약물 오남용 등의 예방 교육이 지속적인 캠페인 활동이 필요하다.

하인리히의 법칙을 따라 안전한 학교를 위해 학생들과 교직원에게 안전 예방 교육을 하고 학생들의 생명과 안전을 지킬 수 있다는 확신으로 학교 안전문화를 정착하기 위해 다음 3가지를 실천하는 것이다.

첫째, 체계적인 안전교육으로 안전의식을 생활화한다.

둘째, 안전사고 예방교육을 통해 학생과 교직원의 교육 활동을 지속해서 실시한다.

셋째, 학교 내외 시설 자원을 정비하며 관계 기관과의 협조 체제를 구축하여 학생들이 안전한 학교 만들기에 최선을 다한다.

21

고교학점제 운영은 이렇게 하자

> **세렝게티의 법칙(Serengeti Rules)**
> 우리 몸속에는 모든 분자를 하나하나
> 조절되고, 야생에는 모든 동식물의 수가
> 조절된다.

우리 학교는 시범적으로 고교학점제를 도입하였다. 2023년부터 모든 고등학교에 도입될 예정이다. 고교학점제는 고교생도 대학 생활과 마찬가지로 흥미, 진로, 적성에 따라 교과목을 선택하여 이수하고 누적 학점이 기준에 도달하면 졸업하는 교육 제도이다.

고교학점제는 입시 중심 교육을 학생 성장 중심으로, 획일적인 교육을 유연하고 개별화된 교육으로 전환하여 학교들을 수평적으로 다양화하려는 것이다. 문제 해결력, 창의력, 융합적 사고력을 갖춘 인재

를 육성하고, 학생 수 감소에 따른 미래 교육을 위한 기회로 활용하고
자 함이다.

우리 학교는 컨벤션경영과, 컨벤션영어과, 국제전시경영과로 3개
학과 체제로 학과 간 학교 밖 융합 교육 과정으로 운영한다. 미래 직
업 교육 환경이 급변하는 상황에서 현재의 학과 중심의 교육 과정을
벗어난 유연한 직업 교육 과정으로 편성하였다.

교사, 학생, 지역 사회 등을 고려하여 교육 과정을 편성하고 학과별
로 2개 코스제를 도입하였다. 학생들은 학과 내 다양한 세부 교육 과
정을 자신의 진로와 적성을 기초로 하여 코스별로 교과목을 선택한다.

취업 진로의 경우 취업에 적합한 전문 교과에 대한 선택 과목을 확
대하고, 진학 진로의 경우 진학에 적합한 보통 교과(국어, 수학, 영어) 선
택 과목을 확대해야 한다. 이는 교사의 교수 역량을 고려한 교육 과정
편성으로 교육 효율성을 제고하고, 학생 진로에 적합한 교육 과정 편
성을 통해 졸업 시의 진로 결과를 향상할 수 있다.

코스제는 학생들이 진로 유형에 맞게 교과를 선택함에 따라 개인
별로 시간표가 다를 수 있어 학생 맞춤형 교육 과정을 편성하기가 쉽
지 않다. 또 다양한 교과목의 개설을 위해 충분한 교사의 수급과 학생
들의 교과 선택의 수요 변화에 따른 예측의 어려움이 있다.

다양한 과목을 개설하려면 더 많은 교원 인력이 필요한데, 본교 교
사들이 가르칠 수 있는 과목 범위에서 교육 과정을 편성하여 운영하
고 있다. 다행스러운 것은 동일 법인 인문계고등학교가 인접해 있어

서 공동 자원을 활용하고 있다. 순회 교사 운영으로 정보 교과 수업을 지원하는 대신 중국어 교과 수업을 지원받아 유연한 교육 과정 운영 기반을 마련할 수 있었다.

하지만 장기적으로 학생들이 꿈을 찾도록 교사가 함께 지도하고 학생 역량을 성장시킬 수 있는 교육 과정을 편성해야 한다. 다양한 교과 선택제를 위해 교사들은 복수전공과 부전공을 이수하여 선택 과목을 지도할 수 있어야 할 것이다.

교사는 다과목 지도 역량을 위해 배우는 동시에 학생 성장을 지원해야 하는 자리에 서게 된 셈이다. 특히 학생의 진로 선택에 따라 맞춤형으로 안내해야 하고, 또 다양한 교과 선택제에 따른 전문성과 일일이 진로 지도를 해야 하는 고민을 안고 있다.

학생들은 진로와 적성 검사를 토대로 개인별로 학업 계획서를 작성하고, 진로 희망 및 관련 학과의 직무 희망과 연계 교과를 선택해야 한다. 또 진로와 관련된 독서 계획 활동과 희망 취업 분야 자격증 취득 계획, 창의적 체험 활동 계획 등을 기록한다. 진로 탐색을 위해 사전 준비 단계, 학생 특성 진단 단계, 진로와 학업 상담의 실제 단계, 평가 및 환류 단계 등 세분하여 작성해야 한다.

학생은 진로 역량에 따라 자기 주도적 학습자로서 참여해야 하고, 희망 진로와 적성, 능력에 맞는 학과를 선택해야 한다. 이러한 선택을 통해 단순 지식과 기술 습득이 아닌 진로와 역량을 개발하는 문제해결력, 창의성, 융합적 사고력 등을 향상할 수 있기 때문이다.

아프리카 대륙 탄자니아 서부에서 케냐 남서부에 걸쳐 세렝게티 초원이 있다. 이 초원은 초식 동물과 포식자들이 세계 최대 규모로 군집을 이루는 곳으로 유명하다. 이들이 서로 먹고 먹히는 먹이 사슬로 살아가는 생명의 논리라는 공통된 이치가 있듯이 어떤 환경에서 서식하는 수많은 동식물을 조절하는 생태학적 법칙이 있다.

바로 우리 몸속에는 모든 분자를 하나하나 조절하는 법칙이 있고, 초원에도 모든 동식물의 수를 조절하는 법칙이 있다는 '세렝게티의 법칙'이다. 우리 몸속에도 특정 개체 수가 많거나 적어지면 질병이 생기듯 동물 세계도 인위적으로 먹이사슬을 깨뜨리면 생태계가 파괴되어 절대적인 균형을 잃어버린다.[29]

세렝게티 초원에는 건기와 우기가 있는데 기후에 맞춰 유연하게 이동하는 동물만이 변화의 세계에서 살아남는다. 우기 2월의 남쪽 초원에는 출산을 위해 야생 동물들이 모여 새끼를 낳는다. 광활한 초원에 마땅히 은폐할 곳이 없어 포식자들의 눈에 잘 띄지 않게 군집을 이뤄야 출산의 희생을 최소한으로 줄일 수 있다. 새끼들은 태어난 지 두어 시간 만에 일어나는데 그래야 포식자의 위협에서 살아남을 수 있기 때문이다.

하지만 갓 태어난 새끼들이 다리의 힘이 없어 스스로 일어서지 못

29) 『세렝게티 법칙』, 션 B. 캐럴 지음, 조은영 옮김, 곰출판, 참조

하면 어미들은 발걸음을 떼지 못하고 애를 태운다. 새끼들은 온 힘을 다해 몇 번이나 되풀이하다 기어코 일어나는데 그 장면은 감동적이다. 어미의 간절함과 새끼들의 생명 의지로 넓은 초원으로 나아갈 수 있다. 이러한 놀라운 생명력은 그 어떤 것보다 강하고 위대하다.

고교학점제 도입은 학교 현장의 적응과 신속한 변화가 불가피하다. 우리의 교육 환경 변화에 따라 학교는 새로운 교육 공간으로 이동해야 한다. 세렝게티 초원의 동물들이 생존을 위해 나아가는 것과 마찬가지로 새로운 교육 환경에 신속히 대처하지 않으면 위기를 경험할 수 있다.

학생들은 스스로 교과를 선택하거나 진로를 선택하는 데 어려움을 호소한다. 학생 진로와 학업 설계를 위한 전담 교사의 맞춤형 지도가 필요하다. 또 학교는 선택 교과를 충분히 개설하지 못하는 한계가 있고, 절대평가를 하는 성취평가제에서 변별력을 확보하기 어렵다.

성취평가제는 성취도에 따라 A~E등급과 I등급으로 구분되는데, 출석 3분의 2 또는 성취도 40%에 도달하지 못하면 I(Incomplete) 등급을 받아 보충 이수를 받아야 한다.

아프리카 초원에서 가젤이 매일 아침마다 달리는 것은 사자보다 빨리 달리지 않으면 죽으리라는 것을 알기 때문이다. 사자 또한 매일 아침 가젤과는 상반된 선택을 한다. 그 사자는 가장 느리게 달리는 가젤보다 빨리 달리지 않으면 굶어 죽는다는 사실을 알고 있다. 우리는 사자가 일찍 일어나든 가젤이 일찍 일어나든 중요하지 않다. 아침에

눈을 뜨는 우리도 질주해야 한다는 것이 중요하다.[30)]

이는 교육 현장에도 그대로 적용되지 않을까. 모든 생명을 아우르는 대자연의 법칙이 있듯이 고교학점제도 이 모든 것을 균형 있게 조절해야 성장할 수 있다. 학생이 진로에 따라 과목을 선택하는 제도의 기본 취지를 살려 교원 조직, 교육 공간, 교육 문화 등 전 분야에 걸친 적극적인 변화가 필요하다.

교원 수급 문제를 해결하기 위해 공동 교육 과정으로 온라인 수업을 지향하고 있다. 그러나 교육의 질과 강의 효과가 떨어지고, 순회 교사제나 외부 강사제 도입은 학생들의 안전과 생활 지도의 어려움이 있다. 교사는 2~3과목 이상 가르쳐야 하는 교수 역량을 갖추어야 하고, 공간 활용을 위한 시설과 인프라 구축이 필요하다.

학생들의 교과 선택권을 보장하기 위해 교사 수급이 중요하다. 한 학교에는 개설할 수 있는 과목 수에 한계가 있어 공유 캠퍼스를 운영해야 한다. 공유 캠퍼스는 권역 내 학교들이 교육 과정과 교육 프로그램을 공동 운영하는 제도다. 교과 선택의 폭이 다양할수록 학생의 선택권이 넓어지는데 이를 통해 그 기회를 보장할 수 있다.

학생들은 방과 후에 다른 학교에서 수업을 듣지만, 원격 수업 공간이 조성되면 자신이 다니는 학교에서 수업을 들을 수 있다. 그러나 학생들의 학교 간, 교실 간 이동이 활발해져 이동으로 인한 학생 부담이

30) 『CEO 칭기스칸』, 김종래 지음, 삼성경제연구소, 참조

나 안전 문제도 살펴야 한다. 학생의 선택권이 넓어져 성취감이 높을 수 있지만, 성적 산출로 인한 교사의 업무 부담이나 대학 연계 방안 등은 우려할 만하다.

고교학점제는 교사와 학생들의 생존을 좌우하는 교육학 법칙일지 모른다. 제도의 빠른 정착과 균형을 도모하기 위해 진로 교육 로드맵과 학업 설계 맞춤형 지도가 체계적으로 이루어져야 한다. 중학교 때부터 진로 교육을 통한 학업 설계가 이루어지도록 거시적인 대안이 필요하지 않을까.

PART 5

교실은
소통 공간이다

22
시간을 효율적으로 활용한다는 것은

> **조조할인의 법칙**
> 하루라도 빨리 재테크를 시작할수록
> 유리하고, 그럴수록 경쟁자가 적다.

오랫동안 마음에 품었던 해외 배낭여행을 가족회의에서 제안하였다. 아이들은 환호성이었다. 조금씩 절약해서 모아둔 1천만 원의 여행 비자금을 공개하며 여행을 가자고 한 것이다.

아이들이 가고 싶은 나라를 우선순위에 두고 여행을 계획하기로 했다. 여행사를 통한 패키지 상품이 편리하지만, 세계 여러 나라를 공부하고 탐색하면서 아이들 스스로 여행 계획을 세워 가는 것이 아이들에게 산 교육이 되리라 믿었다.

그 무렵 아들은 고1, 딸은 중2였다. 해외 우수 교육 기관을 탐방하는 배낭여행이라면 대학 진로에도 영향을 미칠 것이다. 먼저 아이들이 정한 여행지를 검토하고 아내와 함께 최종 결정을 하기로 했다. 방학 때 극성수기는 피하고 비수기 2월에 여행 일정을 정한 것은 최소의 경비로 알뜰하게 여행하기 위해서였다.

우리 가족 여행지는 미국 동부 지역이었다. 그해 2월 13일부터 24일까지, 11박 12일의 일정이었다. 뉴욕, 워싱턴, 필라델피아, 보스턴에 있는 아이비리그 캠퍼스 탐방을 하면서 캐나다 토론토 나이아가라 폭포를 경유하기로 했다. 여행지를 미리 학습한 아이들이 엄마 아빠를 안내한다는 조건이었다.

비행기 탑승권 및 호텔 숙박권과 장거리 이동 시 교통수단은 3개월 전부터 사전 예약을 하였다. 시내 여행은 주로 대중교통을 이용하기로 했고, 아이들 스스로 찾아낸 여행지 코스를 그대로 인정하였다. 이번 배낭여행을 아이들이 준비한다면 또 다른 여행을 꿈꿀 때 가족 없이 주도적인 나홀로 배낭여행이 가능할 것이다.

그 후 1년이 지났다. 아니나 다를까. 이번에 아이들은 미국 서부 지역 배낭여행을 희망하였고, 지난번 동부 여행 때와 마찬가지로 가족 4명이 1천만 원으로 여행 코스를 계획하게 되었다. 이번에는 훨씬 독립적으로 아이들 스스로 계획을 세우고 여행지를 선택했으며, 합리적인 예산을 책정하였다.

미국 서부 여행은 2월 14일부터 25일까지 11박 12일 일정이었다.

온전히 아이들을 따라다니는 여행이어서 나는 짐꾼 역할을 톡톡히 하게 되었다. 미국 서부 로스앤젤레스, 샌프란시스코, 라스베이거스 등을 여행하면서 버클리대학교, UCLA, 스탠퍼드대학교 탐방은 물론 라스베이거스 공연과 그랜드캐니언을 관광하기로 했다.

아이들은 해외여행 가격 비교 사이트를 통해 유리한 조건을 선별하여 비용을 절감하면서 예약하였다. 항공편과 호텔 숙박 및 장거리 이동의 교통편은 사전 예약이 필수이다. 브로드웨이 42번가 뮤지컬 맘마미아 공연, 유명 식당 예약 등은 여행 일정별로 사전 방문 예약을 하기도 했다.

미국 서부의 경우는 장거리 이동이어서 교통 문제가 발생했을 때 사전 예약이 물거품이 되는 위험이 도사리고 있었다. 리스크를 줄이기 위해 보험 가입과 가능한 한 일정별 예약 시간을 여유 있게 잡아 놓았다.

미국 서부로 가는 항공편은 중국 북경을 경유하여 미국 로스앤젤레스행 환승 항공편을 예약하였다. 항공편 이용료가 상당히 절약되었다. 환승은 24시간 이내 여행할 수 있는 환승 가능 시간을 활용하여 하루 정도 북경 여행도 가능하였다.

다음날 중국 북경에서 미국 로스앤젤레스행 항공편을 이용하였다. 미국에서의 장거리 이동은 3개월 전 메가 버스와 그레이하운드 버스를 예약해 놓았고 시내 관광은 주로 지하철과 버스를 이용하였다. 아이들이 주로 대학 캠퍼스와 박물관 등을 선호하는 바람에 여행비가

2분의 1로 줄기도 했다.

로스앤젤레스에서 샌프란시스코까지 장거리 이동 시 버스 이용 요금은 의외였다. 물론 사전 예약이지만 그레이하운드 버스비 1인당 1달러, 예약 수수료 1.5달러를 포함하면 총 6.5달러였다. 서울과 부산 거리보다 먼 거리인데 버스비 1인당 1달러만으로 이동할 수 있는 특혜가 있었다.

그동안 해외 배낭여행 경험 덕분에 종종 배낭여행을 즐기곤 하였다. 배낭여행은 사전 계획이 잘 운용된다면 충분히 차별화된 비용으로 효과적인 여행을 즐길 수 있다. 교사들의 해외여행은 대부분 방학 때 이루어지기 마련이어서 주로 여행 극성수기라서 비싼 편이다. 그나마 2월 비수기에 다소 저렴하다. 알뜰 여행객에겐 좋은 기회이다. 그보다 더 비용을 절감하려면 사전 예약을 통해 조조할인을 받는 것이 좋다.

하루라도 빨리 재테크를 시작할수록 유리하고, 그럴수록 경쟁자가 적다는 '조조할인 법칙'이 그대로 적용된 것이다. 여행은 시간과의 약속이다. 무엇보다 비수기를 잘 활용한다면 가격 차별화 효과를 가져올 수 있다. 비수기 여행 계획과 사전 예약은 여행객에게 더 많은 소비 기회를 주어 차별화된 가격을 적용받을 수 있다.[31]

☺
31) 『열보다 더 큰 아홉』, 정갑영 지음, 21세기북스, 참조

물론 항공사나 여행사도 비수기에 시간적 여유가 있는 손님을 모을 수 있어 더 많은 이익을 얻게 된다. 항공사는 한두 명이 이용하더라도 가격을 최대한 내려서 빈 좌석을 채워 출발하는 것이 이익을 극대화하는 전략이다. 반면 싼 가격을 희망하는 여행객이나 비수기에 시간이 허락되는 사람, 여유 있는 빈 좌석의 공간에서 조용히 여행하고 싶은 사람은 비수기에 여행을 계획하는 것이 자신의 이익을 극대화할 수 있다.

　　시간의 귀중함을 잘 나타낸 일화가 있다. 피뢰침을 발명한 미국 과학자 벤저민 프랭클린(Benjamin Franklin)이 청년 시절 서점에서 일할 때였다. 손님이 1달러짜리 책을 고른 다음 할인을 해 달라고 요구하였다.[32]

　　그러자 프랭클린은 값을 할인해 주기는커녕 오히려 1달러 50센트를 내라고 했다. 손님이 책값을 할인해 달라는데 왜 더 받냐고 항의하며 계속해서 흥정하려고 하자 "그렇다면 이 책은 2달러를 주셔야 합니다."라고 말했다. 하는 수 없이 손님이 책값을 왜 올려 받는지 그 이유를 물었고, 프랭클린은 "손님으로 인해 시간을 낭비하였으니 그 시간만큼 비용을 지불하셔야 합니다."라고 대답했다. 돈보다 시간이 더 귀중하기 때문에 손님이 시간을 끌면 끌수록 책값을 더 받아야 한다고 했던 것이다.

😊
32) 『플랭클린 자서전』, 벤저민 프랭클린, 이계영 옮김, 김영사, 참조

이러한 가격 차별은 할인권을 이용하는 사람에게도 적용된다. 정가에서 일정액을 할인해 주는데 할인권을 통해 구매 고객들의 시간이 많고 적음을 구분할 수 있기 때문이다. 할인권을 준비하려는 사람에게 낮은 가격 정책을 적용하여 고객을 확보하는 효과가 있다.

우리 학교에서는 학생들의 좋은 습관과 사기 충전을 위해 상점제를 시행하고 있다. 선행을 하는 학생들에게 일정한 선행 점수를 부여한다. 과거에는 벌점제만 시행하였는데 학생들의 단점을 꼬집어 내려는 부작용으로 벌점 카드가 학생들의 활동을 위축시키는 경향이 있다고 판단하게 되었다. 한편 교사마다 다른 교육적 소신이 있어서 공정한 판단을 하기에 어려움이 있었다.

학생들에게 올바른 인성을 심어 주기 위해 착한 일을 하거나 좋은 일을 했을 경우 상점을 주는 의미는 동기 부여에 효과적이다. 상점제를 통해서 긍정적인 행동의 변화를 꾀하고, 각자 잘하는 것에 대해 칭찬하여 점수를 부여하는 것이다. 벌점제보다 상점제 효과는 학생들에게 더 밝고 긍정적인 모습으로 변모하게 하였다.

나는 '설레임으로 등교하여 즐거움으로 공부하고 아쉬움으로 하교한다'라는 슬로건을 만들고 현관 입구에 배너를 제작하여 세워 놓았다. 이러한 설레임 실천운동은 학생들에게 긍정의 힘을 발휘하는 긍정 에너지를 높이기 위해서였다.

시간은 우리에게 값진 자산이다. 시간을 잘 활용하는 사람은 미래의 비전을 만들어 갈 가능성이 크다. 시간을 어떻게 활용하느냐에 따라 사람들의 모습도 달라진다. 성공한 사람들은 한결같이 시간을 철저히 잘 관리하는 편이다. 하루 24시간은 누구에게나 똑같이 주어진다. 그러나 시간 관리를 잘하는 사람은 48시간보다 더 보람 있게 보내고, 그렇지 않은 사람은 8시간조차 제대로 활용하지 못하는 경우를 볼 수 있다.

가치 있는 삶을 추구한다는 것은 한순간도 헛되이 보내지 않는다는 말이기도 하다. 스스로 선택하여 열심히 공부한 후의 쉼은 그 또한 소중한 시간이다. 그러나 어떤 노력 없이 마냥 게으르게 보내고 난 후의 쉼은 그조차 낭비하는 시간이지 않겠는가. 하릴없이 시간을 낭비한다는 것은 무책임한 일이다. 탐욕을 위해 열중하는 것 역시 시간을 낭비하는 일이다.

행복한 삶에는 시간 관리의 소중함이 깃들어 있다. 인생을 성장으로 이끈 사람은 시간을 잘 활용하고 낭비하지 않는다. 시간은 돈을 주고 살 수 없고 저축할 수도 없는데 사람들은 물건을 분실했을 때는 속상해하면서 시간이 사라지는 것을 무감각해 한다.

시간의 귀중함을 느끼지 못하고 시간을 잘 활용하지 못하는 삶은 확연히 구별된다. 우리에게 주어진 변화의 시간, 배움의 시간은 지위나 나이를 막론하고 인생의 어떤 순간과도 바꿀 수 없는 소중한 시간임을 기억해야 한다.

23

관계 맺기, 좋은 짝 만나기

새 학년이 되면 좋은 짝 만나기를 희망한다. 처음 만나는 짝은 대개 절친 관계를 유지하면서 학교생활의 즐거움을 준다. 무엇보다 담임 선생님의 역할이 중요하다. 담임이 어떻게 자리 배치를 하는가에 따라 짝이 달라지므로 학급 운영 효과가 다르게 나타난다.

수업 시간에는 짝을 이루거나 모둠별로 수업을 진행한다. 그러므로 새로운 짝은 학급 분위기 형성에 영향을 미칠 수밖에 없다. 더구나 진로 선택이 중요한 시기여서 짝과의 관계가 도움이 되기도 하고 반대의 경우가 일어나기도 한다. 짝은 선의의 경쟁 상대이기도 해서 서로 꿈과 고민을 나눈다면 진로를 정하는 데 큰 유익이 된다. 나아가 세상에 둘도 없는 우정을 나누는 친구로 발전되기도 한다.

이때 담임의 역할이 중요하다. 짝과의 관계에서 불편함은 없는지 제때 상황을 파악하여 해결해야 학급 분위기를 긍정적으로 이끌 수 있다. 짝과 짝 사이는 서로 보완하는 관계가 바람직해서 신학기에 짝을 지어 줄 때 서로 불만이 없도록 해야 한다.

짝을 지어 주는 방법은 컴퓨터로 번호 추첨을 하거나, 아이들이 직접 자리의 번호를 뽑는다. 학급 번호 순으로 앉기, 모둠별로 앉기, 속담, 영화 제목, 게임 캐릭터 등으로 연결하여 짝 만들기, 남녀별로 제비뽑기 등 여러 가지 자리 배치 방법을 적용할 수 있다. 일찍 오는 순서대로 앉기도 하고 앉고 싶은 친구와 앉게 하기도 하는데, 어떤 선택을 하든 부작용이 있기 마련이어서 염두에 두어야 한다.

그리고 학생과의 밀접한 상담을 통해 키, 시력, 청력 등을 파악하고, 소외된 학생은 선생님의 시선을 끌 수 있는 자리에 우선 배정한다. 인성 교육이 필요하거나 생활 지도에 문제의 소지가 있는 학생들도 배려한다. 또 개별 상담이나 쪽지를 통해 성향을 분석한 후 담임이 추천한 2~3명 중에 본인이 짝을 선택하는 방법도 학급 운영을 하는데 효과가 있다.

어떤 경우에는 수업 시간에 떠들지 못하도록 한 줄씩 앉게 해서 짝이 없는 경우도 있다. 시험을 보거나 수행평가 때는 한 줄이어서 짝이 불필요하다. 그러나 수업 시간은 가능하면 좋은 짝을 이루도록 자리 배치를 하는 것이 낫다.

학급 분위기를 개선할 필요가 있을 때나 2주 또는 한 달에 한 번은 자리바꿈을 하는 것이 좋다. 자리가 바뀌지 않으면 학생들의 떠드는 정도가 심해질 수 있다. 또 자리가 자주 바뀌면 수업 중에 학생의 자리 파악이 되지 않아 교사가 혼란을 겪기도 한다.

우리에게는 지푸라기를 엮어 만든 짚신이 있었다. 이 신발은 오른쪽과 왼쪽을 어림잡아 눈대중으로 만들었기 때문에 크기가 같지 않은 경우가 많았다. 그러나 여러 켤레 짚신을 만들다 보면 서로 짝이 잘 맞는 짚신이 있기 마련이다. 그럴 때 단짝이라고 불린다.

이처럼 세상에는 서로 맞는 짝이 있고, 친구 사이도 잘 맞지 않는 짝이 있다. 인간관계도 저절로 통하는 사람이 있다. 짚신도 짝이 있듯이 사람마다 맞는 짝이 있다는 것이 '짝의 법칙'이다. 나와 잘 통하는 사람은 의도적으로 관계를 엮지 않더라도 쉽게 친해진다.

나는 고1 때 좋은 짝을 만나 예쁜 손글씨를 배운 적이 있다. 그 친구는 내 인생 글씨의 코디네이터인 셈이다. 우리가 살아가면서 만나는 친구의 좋은 모습은 자신의 거울처럼 반사한다. 그 거울은 서로 다름을 알려 주고, 또 서로의 비슷함을 공유하게 하여 시너지 효과를 나타나게 한다.

미국의 카네기연구소 조사에 의하면 경제적인 부를 누리는 사람중에 15%는 자신의 기술적 지식에 의한 것이며, 85%는 사람들과의 관계를 잘 맺는 인간관계 능력으로 성공을 거두었다고 하였다. 이 중에서 85% 사람들은 의견을 잘 표현하고 다른 사람 의견을 잘 수용하여 사람들과 원만한 관계 능력이 탁월했기 때문에 인생에서 성공한 것이다.

학교 조직도 업무 추진에 잘 맞는 사람이 있다. 학교 특성화사업 추진을 할 때이다. 기획력이 뛰어난 선생님의 역할이 컸다. 특성화사업 프로그램을 개발하면서 함께 업무를 진행하는 데 어려움이 없었다. 어려운 일이 생기더라도 팀워크를 이루는 짝이 되어 어렵지 않게 일을 해낸 것이다.

부서 조직도 자연스럽게 협력하면서 목표를 이루는데 일사불란할 때도 있지만, 개인 성향을 드러내는 창의적인 부원들로 구성된 경우에는 자칫 모래알 같이 흩어져 목표를 향해 나아가기 어렵게 한다.

이러한 학교 조직의 업무 분장은 전체 조직 업무를 통솔하는 관리자 역할이자 역량이다. 다람쥐 쳇바퀴 돌듯 변함없는 업무에 능숙한 교사가 있는가 하면, 또 외부 활동이나 대외 사업 추진을 보다 잘하는 교사가 있다. 관리자는 교사 성향과 역량을 고려하여 업무 분장을 편성해야 학교 조직을 역동적으로 움직일 수 있다.

여러 차례 대학수학능력시험 출제 위원으로 참가한 경험이 있다. 이때 우연히 한 팀으로 만난 선생님이 있었다. 수능시험 출제는 그 선생님과 함께 시험 출제 경향과 방향을 논의한 후 바로 문항 제작에 들어가야 한다.

문항 출제는 까다로운 절차를 거치기에 출제 능력과 성격이 드러나게 마련이다. 출제의 고통 속에 문제의 오류가 있을 때 치열한 자존심 대결이 벌어지는 이유이다. 출제할 때마다 많은 고통과 어려움을 겪다 보니 팀 구성과 역할의 중요성을 인식하고 있었다.

한 팀이 된 선생님과 나는 코드가 잘 맞아서 다행이었다. 출제 문항을 비교적 쉽게 만들어 낼 수 있었다. 좋은 파트너와 팀워크가 된 경우 서로 보완하는 관계로 발전한다. 그렇지 못한 경우 자존심에 구속되어 출제 기간 내내 논쟁의 대상이 되어버린다.

가장 어려울 때 만난 친구가 진정한 친구가 되는 법이다. 그래서 그런지 그때 만난 선생님은 인생길에 놓인 문항도 함께 해결해 가는 나의 친구이다. 어려운 일이 생기면 서로 부탁할 만큼 절친한 짝이 되었다.

학급에서도 각각 나름대로 짝에 대한 호감과 선호도가 있다. 마치 친구들이 더 좋은 친구를 찾기 위해 노력하듯 친구 관계 또한 지금의 관계보다 많이 끌어올리면 신뢰와 믿음 그리고 우정이 지속된다.

따라서 인간관계는 자신이 꿈꾸는 방향으로 진로를 개척하고 의미와 가치를 찾을 때 또한 친구에게 감동과 감화를 줄 때 진정한 관계가 영속되는 것이다. 이렇듯 신뢰를 잘 지키며 사는 것이 그리 쉽지 않다. 그럼에도 불구하고 신뢰가 지켜질 때 최상의 짝이 될 것이다.

학생들은 학교생활을 통해 학년별, 학급별 다양한 친구들을 언제든지 만날 수 있다. 학교에서 친구들과의 만남은 서로 아무런 이해관계가 얽히지 않을 때 좋은 친구들이다. 그러나 자신에게 불리한 일이 생기거나 신뢰가 깨질 때 서로 문제가 발생한다.

다양한 이해관계로 얽혀 있는 경우 자신의 행동을 정당화하기 위해 남을 비방하거나 거짓 항변을 하기도 한다. 서로 편하게 주고받던 얘기들이 화살이 되어 언어 폭력과 폭력 행동으로 다가올 때도 있다.

사람마다 생각과 견해 차이가 있다. 나와 잘 맞는 사람은 자연스럽게 어울리지만 그렇지 못한 사람은 만남을 피하게 된다. 그러나 좋지 않은 만남도 정리하지 못하고 언젠가는 단짝이 되겠지라는 생각을 저버리지 못하는 경우도 있다.

법정 스님은 함부로 인연을 맺지 말라고 했다. 진정한 인연과 스쳐 가는 인연을 구분하지 못하고 헤프게 인연을 맺어 놓으면 쓸 만한 인연을 만나지 못하고 어설픈 인연만 만나게 되어 그들에 의해 삶이 침해되는 고통을 받아야 한다. 아무에게나 진실을 투자하는 건 위험한 일이라는 것이다.

인간관계에서 성장에 중요한 요인은 뛰어난 능력과 재주, 인간관계를 형성해 가는 기술이 아니라 좋은 짝을 만나는 것이 아닐까.

24

학습 플래너 효과란?

몇 년의 교직 생활을 통해 시행착오를 거치면서 업무를 구분하고 나누는 방법을 터득할 수 있었다. 또 학생들에게 가능하면 준비하고 계획된 수업을 하려고 하였다. 시간별로 짜여진 수업 지도안과 수업 내용을 준비하여 카페를 개설하고, 그동안 가르쳤던 모든 교과를 탑재하면서 수업 자료를 꼼꼼하게 관리하였다.

이른 아침부터 하루 계획이 서 있지 않으면 교사 본연의 수업 준비가 제대로 되지 않았다. 수업과 업무가 겹치면 더욱 원만하게 진행되지 않는다. 그럴수록 커피 한 잔을 마시면서 해야 할 일이 정리되고 나서야 비로소 움직였다. 간혹 뒤죽박죽인 결과를 만들어 내기도 했는데 이는 결국 시간 개념과 자기 관리가 부족한 탓이었다.

교사는 학생들을 위한 수업 준비가 최우선이다. 수업 준비가 끝나면 업무를 시작하기 전에 일을 효율적으로 처리하기 위한 방법을 찾는다. 가장 기본적인 일이라도 계획과 해야 할 순서가 있는 것이다. 일은 우선순위를 정한 후 가장 중요하고 하기 싫은 일부터 먼저 하는 것이 좋다. 동시에 두 가지 일이 있을 경우 중요도에 따라 나름 순서를 정한다. 중요도가 비슷한 경우 하기 어려운 일부터 우선하면 된다.

그렇다고 하기 싫거나 어려운 일을 처리해야 하는데 마냥 미루는 것은 옳지 않다. 어려운 일일수록 먼저 해치워 버려야 한다. 가능한 한 빨리 처리하는 것이 에너지 소모가 적을 수 있다. 어려운 일을 계속 내버려 두면 염려되어 더 큰 걱정을 초래할 수 있다. 이러한 걱정은 일을 미루는 나쁜 습관을 줄이는 데 도움이 된다. 정말 하기 싫은 일이라도 빨리 마무리해야겠다는 생각이 최고이다.

우선 남에게 부탁해야 하는 업무를 먼저 처리한 후 함께 할 일이나 혼자 하는 일을 시작한다. 무조건 열심히 하는 것이 아니라 정확하고 효율적으로 해야 한다. 업무에만 집중한다고 해서 쉬지 않고 계속 일만 하는 것은 바람직하지 않다.

교실에서 학생들과 함께 즐거운 수업을 책임 있게 해야 하기 때문이다. 중간중간 휴식을 취하지 않으면 심신이 지쳐 업무를 효과적으로 수행하기 어렵다. 일을 잘 마무리하거나 일정 부분을 끝내고 나면 나를 위한 적절한 보상도 잊지 말아야 한다.

아침에 등교하는 학생들을 보면 지각하지 않으려고 허둥대는 경우가 많다. 하루 24시간 계획을 세워 차분하게 실천하려는 모습을 찾아보기 어렵다. 하루의 시간은 모두에게 똑같이 주어지지만 어떤 학생은 시간 개념이 없어서 귀중한 시간을 어떻게 보냈는지 모르고 지낸다.

시간이 없다고 생각하지만 실은 할 일을 미루고 있는 경우가 많다. 또 해야 할 일이 무엇인지, 해야 할 일이 너무 많으면 어떻게 해야 하는지, 하기 싫은 일은 어떻게 처리해야 할지 잘 모르고 있기 때문이다.

학생들에게 오늘 할 일 3가지가 있다고 가정할 때 순서를 어떻게 정할 것인지를 질문해야 한다. 예를 들어, 초등학교 때 선생님 만나기, 부모님 심부름으로 시장에 가기, 미용실에서 머리카락 자르기를 해야 한다면 우선 미용실에서 머리카락을 자른 다음 초등학교 때 선생님을 기쁘게 만나고, 집으로 돌아오는 길에 시장에 들러 부모님 심부름을 하는 것이 올바른 순서일 것이다.

일의 순서를 잘못 정하면 시장에서 산 물건을 온종일 들고 다녀야 할 수도 있다. 이러한 하루 계획을 세우는 법과 일의 순서를 잘 정리할 줄 알아야 한다. 계획을 세웠으면 기록하고 어떻게 실천할지를 헤아려 선택해야 한다.

우리 학교는 몇 년 전부터 진로 선택에 맞게 학습 플래너를 제작하여 전교생에게 무료로 제공하고 있다. 진학하는 학생과 취업하는 학생의 학습 플래너를 구별하여 제작하고 작성법을 알려 준다.

학생들은 처음에는 목표를 세워 플래너를 기록한다는 사실을 귀찮고 어렵다고 인식한다. 플래너 작성법에 익숙하지 않아 기록하는 일도 숙제처럼 느끼기도 한다. 매일 무언가를 계획하고 정리하고 실천하는 것이 그리 의미있는 일이 아니라고 볼 수도 있었다.

그러나 이제 플래너의 활용도가 상당히 높다. 특히 학기 말에는 학급별로 학습 플래너를 가장 잘 활용한 우수 학생들을 시상한다. 학습 플래너 효과는 학생들 스스로 계획을 세워서 실천하게 한다는 점에서 갈수록 인기가 좋다. 학생들은 스스로 학습 목표를 기록하고 실천하게 되면서 성공에 이르렀다고 한다. 학습 플래너의 활용이 그 비결이었던 셈이다.

담임 교사는 조회 시간에 학생들의 학습 플래너 기록을 확인하고 일과 계획을 실천하도록 격려한다. 오늘 해야 할 공부가 많다면 시간을 쪼개어 계획하면 된다. 하루 중 가장 능률이 오르는 시간을 살펴보고 중요한 일은 그 시간대에 배치한다. 어렵고 힘든 과목은 적절히 나누어서 공략하면 그리 어렵지 않게 느껴질 것이다.

우선 학습 목표와 해야 할 일 리스트를 작성하고 가능하면 60~70% 정도 여유 있게 계획한다. 학습 목표를 먼저 세운 후 시간을 배분하여 세부 목표를 세운다. 학습 플래너를 일주일 단위로 작성하고 중요도와 긴급도에 따라 우선순위를 정한다. 또 우선순위에 따라 일간, 주간,

월간 계획을 구체적으로 세우도록 한다.

　미국 경영 컨설턴트 브라이언 트레이시(Brian Tracy)가 주창한 '10대 90의 법칙'이 있다. 이는 계획을 세우는데 투자하는 처음 10%의 시간이 그 계획을 실천하는데 투자하는 90%의 시간을 좌우한다는 의미이다. 쉽게 말해 어떤 일을 성공하기 위해서는 계획, 실행 절차, 전략, 노하우 등을 발견할 시간이 필요하다. 그런데 바로 여기에 투입한 10% 시간이 성공의 목표를 달성하는데 소요되는 시간과 노력의 90%를 절감해 준다는 것이다. [33]

　성공은 90%가 실천에서 이루어진다. 그러나 그 90%를 위한 성공의 법칙을 찾고 그에 따른 실행 계획과 전략을 수립하는데 있어 나머지 10%에 의해 크게 영향을 받을 수 있다. 따라서 성공을 거두려면 성공의 법칙을 수립하기 위해 10%의 계획이 미리 세워져 있어야 한다. 즉, 계획을 위한 프로그램의 10%의 시간이 프로그램을 실행하는 시간의 90%를 소비하는 경향이 있다.

　날마다 하는 일상적인 일에 무슨 계획을 세우느냐고 반문하는 사람이 있을지 모르겠다. 그러나 목표를 설정해 놓으면 해야 하는 중요한 일이 만들어진다. 목표가 없는 사람은 특별히 계획을 세울 일이 없

☺

33) 『Success Is a Journey : Make Your Life a Grand Adventure』, TRACY, Brian 지음 | Nat'lBookNetwork 발행, 참조

을 수도 있다. 계획을 세우고 목표를 정한 후 매일 기록하는 습관을 가져야 한다. 앤디 워홀은 시간이 지나면 자연히 변한다고들 하지만, 나 스스로 바꾸지 않으면 아무것도 변하지 않는다고 했다.

1953년 미국의 예일대 졸업반 학생들을 대상으로 '자신의 목표가 명확한가?'에 대해 조사하였는데 그에 따른 답변이 다음과 같았다.

- 아무런 목표를 정한 적이 없다 : 67%

- 목표가 있으나 글로 적어 놓지 않았다 : 30%

- 목표를 글로 적어 놓았다 : 3%

이들을 대상으로 20년 후 사회에 진출한 삶의 모습을 조사해 보았더니 자신들의 목표를 글로 적어 둔 3%의 졸업생이 가진 재산이 나머지 97%의 졸업생 전체가 가진 재산보다 더 많았다고 한다.

결국 자신의 목표를 글로 적어 놓았던 3%의 졸업생들이 더 행복하고 건강하고 성공적인 삶을 누렸다. 이들 간에는 학력 차이가 거의 없었음에도 목표를 세우고 기록했느냐에 따라서 10~20배 차이가 있었다는 것을 알 수 있다.

우리 학생들에게 왜 공부를 하느냐는 질문을 던진 후 목표와 자신이 해야 할 일을 적어 보라고 독려해 보자. 학생들은 목표를 작성해 보면서 진로를 더 객관적으로 바라볼 수 있다. 확실한 목표가 있을 때 마음이 흔들리지 않는다. 큰 목표를 세운 후 세부적인 목표와 실천 가능한 점검표를 완성하면 된다.

목표를 실천하기 위해서는 그 목표를 보고 그것을 어떻게 달성해야 할 것인지 시간을 나누어 본다. 계획을 세워 시간을 잘 관리하기 위함이다. 모든 일이 긴급하고 중요할 수도 있지만 서로 목표에 부합하는가도 생각해야 한다. 매 순간 열심히 노력하고 실천한 것 같은데 나중에 아무것도 이루어 놓은게 없을 수도 있다.

브라이언 트레이시는 일을 더욱 신속히 처리하고, 좋은 결과를 도출하기 위해 지금 바로 해야 하는 구체적인 행동을 시간 관리의 핵심으로 보았다. 지금 바로 실행하지 않으면 뒤로 미루어질 것이 확실한 일을 '개구리'라고 정해 놓고, 이 개구리를 먹는 방법을 알려 주고 있다.[34)]

개구리는 해야 할 일을 말하며 빨리 할 일을 해내는 것을 의미한다. 이는 결과를 생각하라, 목록을 기록하라, 자신에게 압박을 주어라, 업무를 구분하고 나누어라 등 시간 관리 비결을 구체적인 행동의 실천으로 강조하고 있다. 또한 저자는 10대 90의 법칙에 따라 계획을 세우는 데에도 원칙이 있다고 했다. 목표를 설정하고 그 목표를 성취하는데 꼭 필요한 7가지 원칙이 그것이다.

1. 당신이 원하는 것을 정확히 파악하라.
2. 당신이 원하는 것을 종이에 쓰라.
3. 목표를 성취하는데 필요한 부가적인 지식, 기술, 능력이 무언지를 파악하고 그것들의 어려움의 정도와 중요성에 따라 정리해

---

34)『개구리를 먹어라!』, 브라이언 트레이시 지음, 이옥용 옮김, 북앳북스, 참조

보라.

4. 목표를 성취하는 과정에서 예상할 수 있는 어려움과 장애를 파악하라.

5. 당신에게 도움을 줄 수 있는 사람, 단체, 조직들을 파악하라.

6. 우선 순위와 중요도에 따라 정리한 상세한 계획표를 만들어라.

7. 계획을 즉각적으로 실천에 옮겨라.

25

자기 계발을 준비하는 시간

주머니의 법칙
주머니가 많은 사람이 많이 담는다.

초등학교 3학년 때부터 울산에서 멀지 않은 작은 시골 마을에서 자랐다. 어릴 때 논밭의 농작물을 가꾸고 자라는 모습을 보면서 성장했다. 그래서 그랬는지 방학이 되면 농촌 체험 활동을 하고 싶어 떠나곤 했다.

어느덧 고향 마을은 공업 단지 조성으로 고등학교를 졸업하고 나서 사라지고 말았다. 나이가 들수록 시골의 농촌 풍경이 더욱 그립다. 간혹 시골 마을을 지나면 그냥 지나칠 수가 없다. 쌀, 보리, 밀, 콩, 팥,

감자, 고구마, 옥수수, 배추, 무, 고추 등 들여다보고 만져 보곤 한다.

학교에 부임한 이래 농촌 체험 활동 교육에 관심을 가지게 되었다. 평소 청소년 봉사 활동을 하다가 ㈜한국청소년보호육성회의 이사로서 적극적으로 활동하기 시작하였다.

또 자원봉사자 지도 교사로서 청소년 유해 환경 지도부장을 맡아 청량리역 초소에서 유해 환경 감시단 역할을 하였다. 청소년 교육 체험 관련 프로그램을 만들어 학교 앞 환경 보호 캠페인과 시골 마을로 농촌 체험 활동을 하기도 했다.

여름방학이 되면 학생들과 함께 농촌 체험을 떠나기도 하고 병영 체험을 하기도 했다. 특히 학생들과 함께 하는 농촌 체험 활동은 참으로 보람되고 즐거웠다. 현장 체험을 통한 새로운 경험은 물론 학생들과 친숙해지기 위한 좋은 기회였다.

대부분의 학생은 서울에서 태어나 서울에서 자란 탓에 농촌 체험이 거의 없는 편이었다. 가능하면 농촌에 갈 기회가 없는 아이들을 먼저 선발하였다. 뿐만 아니라 DMZ 현장 체험, 땅굴 견학 등 다양한 병영 체험 프로그램도 병행했는데, 병영 체험은 호기심 많은 아이들에게 인기가 있었다.

농촌 체험은 경상북도 의성에 있는 교촌농촌체험학교에서 이루어지거나 강원도 화천의 토고미자연학교를 다녀오곤 했는데, 의외로 농촌 체험 참가자 모집이 쉽지 않았다. 농촌은 지저분하거나 생활하기에 힘들지 않을까 하는 염려도 있었던 듯하다. 한편 즐거워야 할 시간에 자신이 친구들을 불편하게 만드는 건 아닌지 마음이 쓰여 망설이기도 했다.

다행히도 농촌 마을에 도착하자마자 아이들은 해맑게 환호성을 질렀다. 도시에서는 느낄 수 없는 햇빛과 공기, 자동차 소음도 없고 분주하게 오가는 사람들로 북적대지도 않았다. 농촌 어르신들은 외할머니를 떠올릴 만큼 푸근하고 인정이 많았다.

아이들의 체험 활동은 맷돌에 콩 갈기, 달구지 타고 마을 돌아보기, 손톱에 봉숭아 물들이기, 냇가에서 물고기 잡기, 옥수수 따기 등이었다. 실제로 옥수수밭에서 수확한 옥수수를 뜨끈하게 삶아서 맛보는 시간은 아이들에게 특별한 추억이 되었을 것이다.

아이들은 특히 옥수수 따기 체험을 재미있고 즐거워했다. 자기가 딴 옥수수를 자기가 먹을 수 있다는 마음에 자루가 옥수수로 넘쳐났다. 무거워서 들지도 못하는 모습을 바라보다가 웃음보를 터뜨리기도 했다.

학생들에게 옥수수들을 들고 갈 만큼만 자루에 담으라고 일러 준다. 학교에서 배운 경제금융 교육의 실전을 현장에서 체험하는 것이다. 투자 위험을 줄이기 위해 여러 군데에 나누어 담는 것은 분산 투자 방법이다. 많은 옥수수를 한 자루에 모두 담으면 들고 갈 수도 없고 자루가 찢어질 위험이 있어서 적절하게 나누어 담아야 한다.

달걀을 한 바구니에 담지 말라는 말이 있다. 달걀을 한 바구니에 담아서 옮기면 한번에 많은 달걀을 옮길 수 있으나 돌부리에 걸려 넘어진다면 달걀이 모두 깨질 수 있기 때문이다. 여러 바구니에 나눠서 달걀을 담으면 한 바구니에 담을 때보다 시간이 걸리더라도 유사시에 한 바구니의 달걀 외에는 달걀이 깨지지 않는다.

미국 투자가 워런 버핏(Warren Edward Buffett)은 돈을 버는 방법 중 한 가지 일만 하고 있을 때가 가장 위험하다고 하였다.[35] 한 가지 일보다 여러 가지 일을 할 수 있는 준비를 해야 한다. 이는 하나의 주요 수입 외에 다른 방법으로 돈을 버는 주머니를 계획하고 실천해야 한다는 것이다. 즉, 주머니가 많은 사람이 많이 담는다는 '주머니의 법칙'을 의미하고 있다.

학생들의 진로 교육도 마찬가지다. 학생들에게 미래의 꿈을 키워주기를 원한다면 꿈을 실현할 수 있는 다양한 희망의 주머니들을 만들어 주는 것이 필요하다. 학교에서의 공부가 삶이 되고 저마다 존재 가치를 일깨우는 시간이면 좋겠다. 공부의 결과 못지않게 바로 자신이 기뻐하고 즐거워하는 일을 발견하는 과정이길 바란다.

다양한 체험을 하면서 자기 계발을 하게 되고 자기 관리 능력이 어떻게 필요한지 깨우치는 시간이 필요하다. 우선 자신이 잘하고 좋아하는 것이 무엇인지 알고 준비해야 무엇을 추구해야 할지 알 수 있다. 지금 내가 하는 일을 열심히 하고, 내가 잘할 수 있는 일은 무엇인가를

35) 『워런 버핏 바이블』, 워런 버핏·리처드 코너스 지음, 이건 옮김, 에프엔미디어, 참조

찾아야 하고, 내가 좋아하는 일을 찾아 나서야 한다.

학생들이 희망하는 꿈과 고민을 공감하면서 진로의 길을 찾아 주는 교사의 역할이 중요하다. 농촌 체험 활동의 산 경험처럼 새로운 분야를 찾도록 새로운 환경을 열어 주는 안내자가 되어야 한다.

교사가 겪은 청소년기의 다양한 경험을 토대로 삶의 지혜를 전수하는 것도 좋다. 자격증 취득이나 자신의 특기를 개발하여 준비하고 실천하는 법을 도와야 한다. 학생들에게 중요한 것은 공부하는 목적과 체험의 중요성을 스스로 터득하도록 말해 주는 것이다.

학교 동아리 활동이나 평소 취미 생활 등을 고려해 잘할 수 있는 분야의 자기 계발을 유도하여 학생 역량을 높이는 데 집중하도록 한다. 이른바 교육 활동에 충실하고 관련 활동을 꾸준히 하다 보면 시너지 효과가 더해질 것이다.

교사는 학생들을 관찰하고 지도한 경험으로 진로 상담을 할 수 있는 멘토 자격이 있다. 체험 교육 활동은 가르치지 못할 만큼 복잡하거나 어려운 것이 아니다. 학생의 힘만으로는 체험 교육 선택의 폭이 좁고 단순하다. 진로의 방향을 설정하기 위해서는 다양한 체험을 통한 자기 계발을 하는 것이 가장 좋다.

학생들이 공부에 스트레스를 느끼고 복잡한 진로를 찾아 고민하는 것에 대해 안타까움을 느낄 때가 많다. 학생들은 어려운 공부에 힘들어하고 그로 인해 쉽게 좌절하고 체념하고 만다. 가능하면 자신에게 적절한 자기 계발을 체험하면서 배우는 것이 중요하다.

실제로 공부를 잘하는 학생들도 이런 준비 과정을 경험하였다. 자신이 제대로 하지도 못하는 교과목에 집중하거나 진로 희망을 자주 바꾸려고 하기보다 꾸준히 일관된 방향을 찾는데 주력하는 것이 성장하는 비결이다. 무엇보다 공부법과 자기 관리가 중요하다. 분명한 사실은 노력이 두 배가 되면 공부하는 시간이 절반으로 줄어든다는 것이다.

나는 교직을 천직으로 생각하면서 자기 계발과 관리에 많은 시간을 투자하였다. 교사로 근무하면서 여러 다양한 교육 연구 활동에도 참여하였다. 가르치는 교과목 연구를 위해 폭넓은 분야에 걸쳐 교과서들을 개발하기도 했다.

제4차 산업 혁명 시대에 필요한 교사 역시 역량을 넓힐 수 있는 자기 계발과 관리에 주목해야 한다. 학생들의 다양한 진로 교육을 위해 미래를 준비하는 교사로서 연찬(硏鑽)은 계속되어야 한다. 모든 것이 그러하듯 준비하는 자에게 꿈과 희망이 있는 법이다.

이러한 진실을 통해 미래를 꿈꾸는 학생들에게 다양한 꿈의 주머니를 가질 수 있도록 함께 해야 하지 않겠는가.

26

사랑은 주고받는 것이다

> **베풂의 법칙**
> 무엇인가를 바라기 전에 먼저 베푸는
> 것이다.

수년 전 대한상공회의소에서 주최한 해외 교사 연수단 자격으로 라오스를 여행한 적이 있다. 수도 비엔티안(Vientiane) 호텔에서 숙박한 후 방비엥(Vang Vieng)으로 떠나기로 했다. 라오스는 동남아시아 인도차이나반도 중앙부 내륙국이며 프랑스 식민지이기도 했고, 현재 사회주의 국가이다. 방비엥은 우림과 카르스트 산으로 둘러싸인 지형으로 베트남 전쟁 기간에는 공군 기지로 활용되었던 곳이다.

라오스 국토를 종단하듯 기나긴 시간을 버스로 이동하면서 관광

명소를 즐기는 것도 좋겠지만, 우리 일행은 방비엥으로 가는 도중에 시골 초등학교를 방문하여 학용품을 전달할 계획을 세우고 있었다.

라오스 초등학교는 교실 한 동밖에 없어서 그냥 지나치면 학교인 줄 모를 만큼 아주 작은 학교였다. 5년제 초등학교였으며 선생님은 한 분이었다. 25명 정도의 학생들을 가르치고 있었는데 각기 다른 학년이지만 한 교실에서 공동 수업으로 이루어지고 있었다.

교실 책상마다 아이들의 이름이 쓰여 있는 것이 인상적이었다. 게다가 선생님은 교실 한쪽 모퉁이에 어린 아기를 두고 돌보면서 수업을 했다. 이곳에서 직접 보지 않았다면 상상하기 어려운 열악한 수업 환경이었다.

우리 일행은 선생님과 학생들에게 인사를 한 후 준비한 학용품들을 나눠 주었다. 그러는 동안 한 아이도 서두르거나 욕심내지 않고 줄 서서 기다리는 장면을 잊을 수가 없다. 순박하고 예의 바른 아이들의 모습은 사랑스러웠다.

수업 시간에 아이들의 눈빛은 밝고 진지하였다. 말은 안 통해도 아이마다 눈빛 교환만으로 마음을 주고받을 수 있었다. 하나같이 맑은 눈동자가 너무너무 예뻤다. 특히 눈에 띄는 한 아이가 있었는데 수업 태도가 선생님들 모두에게 촉망받을 만큼 한눈에 사로잡았다.

한국으로 돌아오는 발길이 얼마나 무겁던지, 라오스 여행 내내 교실 풍경이 마음에 남아 심금을 울렸다. 그곳 학생들의 티 없이 맑은 모습이 내 삶의 자극제가 되기도 해서 우리 아이들에게 더 잘해야겠다는 다짐을 하게 되었다.

라오스 사람들은 대부분 조금 부족하고 불편한 환경에서 살아간다. 하지만 개의치 않고 자족하는 삶이 아닐까. 너그러운 품을 가지고 있어서 행복 지수가 최고일 것만 같다. 내가 경제적인 어려움을 겪는 이들에게 조금이나마 관심을 가지게 된 계기였다.

예전에 담임할 때가 생각난다. 학급 학생 중에 부모님이 안 계시거나 경제적인 어려움으로 수학여행을 가지 못하는 경우가 더러 있어 개인적으로 학생들의 수학여행비를 부담하기도 했다. 학급 아이들이 모두 수학여행을 가는데 돈이 없어서 함께하지 못한다는 것은 안타까운 일이었다. 담임으로서 마음이 아팠다.

그 이후 해당 학생들의 마음가짐이 달라졌다. 학교생활은 물론 표정이 밝아지고 공부를 열심히 하는 모습을 지켜볼 수 있었다. 내 마음이 흐뭇했다. 요즘도 담임 선생님들은 학급의 어려운 학생들을 위해 경제적인 도움을 주고 있어서 마음이 훈훈하다.

또 선생님들의 열정과 노력에 따라 여러 학생에게 장학금 혜택이 더 많이 주어지기도 한다. 꼭 물질적인 지원만이 아니라 학생들을 향한 사랑은 끝없는 사랑으로 이어지고 있다. 스승으로서 제자 사랑은 무엇보다 보람 있는 일이다. 선생님들은 이런 베푸는 마음에 따라 다양한 봉사 동아리를 운영하면서 나눔 활동을 하고 있다.

봉사 동아리 학생들은 가까운 산책조차 하기 힘든 요양원 어르신들을 돕는다. 뿐만 아니라 그 어르신들을 돕는 바자회를 위해 직접 제품을 만들어 판매한 수익금을 전액 요양원에 기부하고 있다.

학생들은 봉사 관련 제품을 만들기 위해 아이디어 회의를 한다. 먼저 어떤 제품을 만들 것인지, 디자인은 어떻게 진행할 것인지, 제품의 품목과 제작 방법을 알아보고, 제작 업체에서 견적서를 미리 받은 후 비용을 마련한다. 상품화, 판매 방법, 기부 등의 활동은 회의를 통해 기획하고 결정한다. 제품에 하자는 없는지 검수한 후 판매를 위해 준비된 제품들을 포장하고, 홍보 포스터 등을 디자인하여 SNS에 홍보한다.

특히 우리 학교는 유네스코 네트워크 학교로 지정되어 세계시민 교육을 주기적으로 실시하고 있고, 개발도상국 아이들을 돕는 지원 사업에 적극적으로 참여한다. 유네스코 동아리 학생들에게 지속 가능한 발전 모델로서 다양한 사람들과의 문화와 환경을 이해하고 더불어 사는 세상을 알아 가는 활동이기도 하다.

또 학급별로는 월드 비전을 통해 지구촌 어린이들을 돕는 국내외 아동 후원 사업에도 동참하여 어린이들의 풍성한 삶을 위해 희망과 사랑을 베푸는 활동을 나누고 있다. 예를 들면, ADRF(아프리카 아시아 난민교육후원회)는 동화책을 영어로 번역하는 '희망드림'이라는 봉사활동에 참여하는 동아리이다.

희망드림은 한국의 전래동화를 직접 번역하여 외국의 아이들에게 전해줌으로써 한국의 문화를 널리 알리는 보람찬 봉사 단체이다. 학생들은 전래동화를 번역하는 과정을 통해 평소 부족했던 어휘력을 키울 수 있다. 아이들에게 완벽한 번역본을 전달하기 위해 공부를 더 열심히 함으로써 영어 실력 향상뿐만 아니라 책임감도 기를 수 있다.

동아리 학생들은 아프리카와 아시아의 빈곤 아동들의 실태에 관심을 가지고 문제점을 탐구하여 더불어 사는 지구촌의 사회 구성원으로서 가져야 할 세계시민의 소양을 함양한다. 라오스 도서관 설립을 위한 '해피빈 캠페인'에도 함께 참여하고, 한국 전래동화는 물론 국내 동화들을 번역하는 동화책 나눔 활동은 개발도상국 아이들에게 선한 영향력을 미치고 있다.

또 봉사 활동을 하면서 성실성, 책임감을 높이고, 재능 기부를 통해 개발도상국 아이들을 돕고 싶은 마음을 실천할 수 있다. 누군가에게 무엇인가를 바라기 전에 먼저 베푸는 이른바 '베풂의 법칙'을 실행하고 있는 것이다.

학생들이 봉사 활동에 참여하면서 큰 보람을 얻거나 타인을 위해 봉사하는 기쁨은 갖게 되는 것을 테레사 효과(Teresa effect)라고 한다. 한평생 약자들에게 사랑을 베풀며 살았던 마더 테레사 수녀의 이름에서 따온 말로 선행을 베풀거나 봉사 활동을 하는 것만으로도 체내에 면역 호르몬이 증가하고 자신의 마음이 평화로운 상태가 되어 심리적 안정이나 건강에 도움이 되는 현상을 말한다.

베풂은 주고받는 것이다. 주기만 하는 것이 아니라 받는 것을 포함한다. 물질만으로 평가하는 것이 아니기에 더 많이 줄수록 더 많이 받을 수도 있다. 뭔가를 줄 때 잃는다고 느끼거나, 손해라고 느낀다면 진심으로 '주고자 한 것'인지 살펴볼 필요가 있다.

자신이 원하는 것을 얻는 가장 쉬운 방법은 바로 사람들이 원하는 것을 얻도록 돕는 것이며, 조건 없이 즐거운 마음으로 줄 때 삶의 에너지가 몇 배로 증가한다. 흔히 베풂이란 물질을 주어야 한다고 생각할 수 있지만 그렇지 않다. 베풂은 사랑, 소망, 믿음, 온유, 절제, 관심, 보살핌, 나눔 등에서 출발한다.

상대방에게 먼저 베풀면 상대방도 나에게 호의를 베푼다는 상호성의 원리가 작용한다. 마음속에는 따뜻한 호의를 되돌려 주어야 하는 의무가 은연중에 자리 잡기 마련이다. 나에게 잘 대해 주는 사람에게 더 호감이 가고 잘해 주고 싶은 마음이 생기는 것이다. 자신이 사랑을 원한다면 먼저 사랑을 주고, 기쁨을 원한다면 먼저 기쁨을 나누어야 한다.[36]

당장 눈앞에 힘든 일이 놓여 있거나 현실적인 고통을 이겨 내기 위해 인내가 필요하다. 그러나 베풂은 한마디 말로도 작은 실천이 가능하다. 내면이 조금씩 움직이고 단단해질수록 현실적인 어려움이 서서히 사라져 가는 변화를 느낄 것이다. 베풂은 자신을 사랑하고 수용하면서 살아갈 때 포착할 수 있어서 자신 있게 삶을 대해야 가능한 일이기도 하다.

36) 『설득의 심리학 2』, 로버트 치알디니 외 지음, 윤미나 옮김, 21세기북스, 참조

1880년 여름 어느 날 미국의 작은 도시에서 있었던 가난한 학생의 일화이다. 그는 집집마다 방문 판매를 하다가 저녁이 되자 지치고 너무 배가 고팠다. 수중에 가진 돈은 1다임(10센트) 밖에 없어 아무것도 사 먹을 수 없는 처지였다. 여기저기 발걸음을 옮기다가 어느 집 문을 두드렸다. 다행히 문이 열리면서 한 소녀가 나왔다.

학생은 차마 배고프다는 말을 하지 못하고 물 한 잔만 달라고 하였다. 그러나 소녀는 그가 배가 고프다는 사실을 알아차리고 선뜻 우유 한 잔을 내주었다. 우유를 단숨에 마신 후 얼마를 드려야 하냐고 묻자 소녀는 그럴 필요가 없다며 어머니께서 친절을 베풀면서 돈을 받지 말라고 하셨다는 것이 아닌가. 학생은 이 말에 큰 깨우침을 받았다.

그로부터 십수 년 후 그 소녀가 중병에 걸렸다. 그 도시의 병원에서는 도저히 치료할 수 없는 병이어서 대도시 병원의 전문 의사가 필요하였다. 그녀가 찾아간 의사는 마침 하워드 켈리(Howard Atwood Kelly) 박사였고, 바로 소녀에게 우유 한 잔을 얻어 마셨던 바로 그 학생이었다.

그는 명문 존스홉킨스의과대학 창설 멤버이자 산부인과 의사로서 유명했다. 그는 환자를 보자마자 그 소녀임을 알아챘고, 모든 의료기술을 동원하여 치료에 성공하였다. 치료비가 엄청나게 나올 것을 걱정한 소녀의 치료비 청구서에 하워드 켈리 박사는 다음과 같이 적었다. '한 잔의 우유로 모두 지불되었음(Paid in full with one glass of milk).'[37]

누구나 이런 일화의 주인공이 되고 싶다는 마음만으로도 행복해진다. 남을 먼저 도와주고 베푸는 마음만으로도 희망의 메시지를 전할 수 있다. 모든 사람에게 이러한 사랑과 기쁨을 함께 나눌 수 있는 세상이 되었으면 좋겠다.

☺
37) MBC 〈신비한 TV 서프라이즈〉, 623회 6편 '한 잔의 기적' 참조

27

인생 승리는 자기 자신 이기기

체육대회가 열리는 날이다. 학생들은 설레는 마음으로 학교가 아닌 잠실체육관으로 들어선다. 1년 중에 가장 기대되는 행사이다. 예전에 학교 운동장에서 체육대회를 개최할 때는 당일 비가 올까 봐 걱정했지만 체육관은 실내여서 아무런 걱정이 없다.

학생들은 체육대회가 끝나면 바로 여름 방학식과 함께 방학으로 이어져 마음이 홀가분하다. 그동안 시험 공부에 매달리느라 스트레스가 많이 쌓여 있어 말끔히 던져 버리고 싶은 심정일 것이다. 학기말

성적을 산출하는 기간이라 마음이 더욱 초조하고 불안해져 있다. 학교를 벗어난 대회이니 만큼 마음이 한결 편하고 공부는 잠시 잊은 채 경기에만 집중할 수 있다.

몇몇 경기들은 1, 2, 3학년 짝반으로 편성하여 단체전으로 진행한다. 단체전인 피구와 치어리딩, 응원전은 선후배가 함께 팀을 이루어서 훨씬 흥미진진하다. 다른 학년 같은 반끼리 짝반이 되어 3개 반이 한 팀을 이루었다.

각 팀은 같은 색의 유니폼을 입고 있어 관중석은 형형색색으로 체육관 실내가 휘황찬란하다. 치어리딩은 2주 전부터 맹연습으로 준비한 팀들이 체육대회 시작과 동시에 반별로 입장하여 화려한 퍼레이드를 한다. 각 팀은 해마다 전해 오는 짝반 선배들의 가르침을 이어받아 안무를 스스로 만들어서 부지런히 연습해 왔다. 안무를 익히는데 시간이 꽤 걸리기에 수업이 끝난 교실에서는 연습 열기가 달아오른다.

체육대회를 준비하기 위해 짝반 선후배가 처음 만날 때는 서로서로 어색하여 별로 말을 하지 않다가 함께 연습하면서 서로 격려하고 칭찬하다 보면 금방 친해져 화기애애하다. 준비하고 연습을 하는 동안 팀의 단결된 힘은 최고조에 달한다.

그러나 팀별로 경쟁이 치열해져 고난도의 다양한 안무를 완벽하게 익히는 게 쉽지 않다. 학생들은 안무 연습으로 맨날 뛰다 보니 발목에 무리가 갈 정도로 힘든 연습을 한다. 쉬는 시간은 물론 점심시간, 그리고 밤늦게까지 연습을 거듭한다. 정말 사서 고생을 하다시피

하는 열띤 연습은 체육대회 날까지 치열해 경쟁팀 간의 보안 속에 계속 이어진다.

스피드 게임인 피구 경기는 스포츠 정신의 승부욕이 강해 열광적이고 흥미진진하여 인기 종목이다. 피구 종목은 서울 지역 학교스포츠클럽에서 매년 1등을 유지할 정도로 탄탄한 선수들이 많아 '피구대회 우승학교'로 정평이 나 있다.

단체 종목들의 예선전은 2주 동안 학교에서 미리 끝내고 체육대회 당일에는 결선에 올라간 4팀만이 우승을 겨룬다. 예선전을 하는 동안 서로 다투거나 다치기도 하여 결승에 못 올라간 팀들은 속상한 마음에 허탈한 모습들이 역력하다. 예선전에 탈락하여 조금 아쉽기도 하지만 자신들을 이겨서 올라간 팀들이 워낙 잘하기 때문에 그들을 응원하는 것만으로도 소소한 관심과 대리 만족을 누린다.

체육대회를 준비하고 경기하는 동안 학생들은 미끄러지고 또 실수를 연발한다. 친구들로부터 들려오는 '힘내!' 라는 함성과 함께 지칠 줄을 모르고 뛰고 또 넘어지기도 한다. 경기에 이기거나 져도 서로 부둥켜안고 어쩔 줄 몰라 울먹이기도 한다. 승부를 맛본 선수들은 밴드와 연고를 바르기도 하고 또 파스를 붙이고 다니는 통에 온통 파스 냄새를 풍기고 다닌다.

장애물 계주는 2명이 한 다리씩 묶고 달리는 2인 3각으로 장애물 4개를 통과하는 것이다. 2인 3각 경기는 짝과의 호흡이 매우 중요하다. 자신의 실력과는 무관하게 짝과 서로 발을 잘 맞추지 못하면 넘어지고 빨리 달릴 수가 없다.

장애물의 첫 번째는 코끼리 코를 하는 것이고, 두 번째는 줄넘기를 해야 한다. 세 번째는 풍선을 터트리는 것이고, 네 번째는 림보(limbo) 동작이다. 어느 하나 쉽게 넘어갈 수 없는 장애물들이다. 학교생활에서 부닥치는 어려움과 같은 장애물들은 스스로 헤쳐 나가야 할 과제이기도 하다.

학급 간 대항의 가장 하이라이트는 줄다리기이다. 줄다리기는 한 반의 모든 학생이 참여하기에 집중과 팀워크가 중요하다. 어떤 반은 시작하자마자 곧장 끌려가기도 한다. 제대로 힘을 쓰지 못하고 순식간에 쓰라린 패배를 경험한다. 줄다리기는 협동심이 매우 중요하므로 순간적인 타이밍에 줄을 당겨 줘야 큰 힘을 모을 수 있다. 모두가 힘을 합쳐서 정확하게 타이밍을 맞추는 것이 중요하다. 한순간에 전체가 무너지는 경우가 있어 순간적인 집중력으로 몰입의 경지에 도달해야 한다.

각 팀은 단결된 협동심으로 우승하고자 하는 하나의 뚜렷한 목표가 있다. 명확한 목표 달성을 위해 팀들은 스스로 준비하고 연습을 하는 것이다. 각 경기 종목마다 절묘한 순발력과 집중력이 승패를 좌우할 수 있다. 경기가 임박해질수록 협동심과 집중력은 강해지고 몰입도는 최고조에 달한다.

헝가리 긍정심리학자 미하이 칙센트미하이(Mihaly Csikszentmihalyi)

는 몰입은 머릿속의 생각과 목표, 행동 등 정신이 하나로 통일되는 상태라고 말한다. 몰입은 시간이 흘러가는 것을 완전히 잊어버릴 수 있게 하며, 무아지경의 경지에 빠진 채 자신의 정신적인 역량을 몰입의 대상에 100% 쏟아부을 수 있다고 하였다. 이른바 '몰입의 법칙'이다. 자기가 이루고자 하는 것에 몰입해야 성공을 거둘 수 있다는 것이다.[38]

성공한 사람들을 보면 자신이 추구하는 분야에 깊이 몰입했던 것을 알 수 있다. 어떤 일에 몰입하게 되면 아이디어가 갑자기 떠오르는 것처럼 느낄 수 있고, 두뇌 속에서 엔도르핀을 생성하게 된다. 깊은 몰입을 하면 즐거움을 느끼기 때문에 자발적으로 계속하게 된다.

몰입하기 위해서는 고도의 주의 집중이 필요하다. 애플의 CEO 스티브 잡스는 "미칠 정도로 멋진 제품을 창조하라, 아니면 우주를 감동시켜라"라고 하였다. 성공한 사람들은 미치는 데에도 기술과 목표를 향한 강력한 몰입과 같은 자신만의 법칙이 있다. 무엇인가 목표하는 일에 '제대로 미치는 방법'으로 완벽히 실천했기 때문이다.[39]

체육대회를 더욱 빛나게 하는 것은 팀별로 준비한 재치 있는 응원가와 플래카드이다. 최근 드라마나 사회적인 현상을 풍자한 내용과 기발한 아이디어로 자신들을 마음껏 홍보하고 있다. 개막식 행사에서

38) 『몰입과 진로』, 미하이 칙센트미하이·바버라 슈나이더 지음, 이희재 옮김, 해냄, 참조
39) 『나는 스티브 잡스를 이렇게 뽑았다』, 놀란 부쉬넬·진 스톤 지음, 한상임 옮김, 미래의창, 참조

각 반의 치어리더들이 입장할 때의 캐치프레이즈와 응원석에서 팀을 대표하는 플래카드도 각양각색이다.

팀별로 플래카드를 휘날리면서 응원가를 부를 때 최고의 몰입으로 대회의 진미를 만끽하게 된다. 경기에 진 팀들은 응원 점수라도 많이 받으려고 목청이 터져 나갈 듯 소리를 지르며 응원가를 외쳐 댄다.

서로 율동을 맞추고 학생들이 직접 개사한 노래로 힘차게 응원하는 모습들은 체육관이 떠나갈 듯 우렁찬 함성으로 이어진다. 개인별로 장기자랑과 노래를 부르기도 하고, 댄스팀과 난타 동아리 팀들이 나와 마무리 공연을 한다. 무대가 끝나고 반별로 응원전을 펼칠 때는 응원 점수로서 보상을 받으려고 안간힘을 쏟는다.

그동안 함께 준비하고 연습하느라 고생했던 순간들을 떠올리며 체육대회의 마지막을 장식하고 있는 것이다. 상을 받지 못한 반들은 아쉽고 슬픈 표정들이 역력하다. 학급의 단결심과 집중력을 바탕으로 1년 중 최고의 몰입도로 열광했던 하루가 너무 짧게 느껴진다. 학생들의 스트레스를 풀어 주는 의미 있는 선의의 경쟁으로 언제나 아쉽게 막이 내린다. 승부의 세계는 어쩔 수 없는 경쟁인가 보다.

학생들에게 인정과 칭찬이 있을 때 몰입도가 향상된다. 몰입했을 때 어느 정도 목표에 도달할 수 있다고 격려해 주는 것이 좋다. 100미터 달리기를 하다가 중도에서 포기했다면 결코 목표에 도달할 수 없지 않은가. 예를 들어, 물은 섭씨 100도에서 끓기 시작한다. 섭씨 99도까지가 집중의 시간이라면, 물이 끓는 섭씨 100도에 비로소 몰입의 단계라고 할 수 있다.

몰입의 경지는 목표가 뚜렷하고 명확할수록 더 잘 일어난다. 하루의 목표가 있어야 하고 또 단기, 중기, 장기적으로 최대한 구체적으로 세워야 한다. 매 경기에서 이겨야 한다는 목표와 학급이 우승하겠다는 공동 목표가 있을 때 몰입도가 높아진다. 경기에 임할 때 즐거운 마음으로 참여하면서 내가 이기거나, 우리 팀이 이겨야겠다는 불굴의 도전 정신으로 승부를 거는 것이다. 가령 시험 공부는 아무리 열심히 해도 결과가 어느 정도 시간이 지나야 나오지만, 경기는 바로 결과가 나오기 때문에 몰입하기가 더 쉽다.

어떤 한 분야의 전문가가 되려면 1만 시간을 투자해야 한다고 말한다. 누구든지 한 가지 일에 1만 시간을 투자하게 되면 성과를 나타내고 전문가가 된다는 것이다. 공부 또한 선생님이나 부모를 위해 하는 것이 아니라 자신의 미래를 위해 한다는 것을 깨우칠 때 공부의 가치와 즐거움을 발견하고 몰입하게 되는 것이다.

어느 정도 공부할 양을 정해서 언제까지 할 계획인지 구체적인 목표가 있어야 몰입이 더 잘될 수 있다. 공부를 시작하려고 할 때 지루하다고 생각하면 안 된다. 공부의 필요성을 느끼고 책을 보려는 행위가 명확해야 몰입할 수 있다.

몰입 현상은 꾸준한 노력을 통하여 이룰 수 있다. 자신이 몰입하고 있는 현상에 대해서는 단시간에 혹은 빠르게 집중해야 한다. 특히 자신이 좋아해서 푹 빠져드는 몰입은 고도의 집중력을 가져오게 되고 놀라운 성취를 끌어낼 수 있다.

학창 시절은 어떻게 보면 괴로움의 연속이다. 그렇기에 뜻을 세우고 계획을 짜며 하루의 생활에 충실할 수 있는 긍정적인 자세가 무엇보다 중요하다. 가정에서는 쉴새 없이 공부를 강요하고, 학교에서는 계속되는 수업 시간과 시험들, 그리고 학생으로서 지켜야 할 학교 규율, 또 공부해도 쉽게 오르지 않는 성적 등 괴로운 나날이 반복된다. 그러나 이런 것들은 괴로움의 연속으로 보는 것이 아니라 한 인간으로서 성장해 가는 단계라고 보아야 한다. 이런 고통에서도 집중하고 몰입해 가는 과정에서 자신의 참모습을 발견해 간다.

체육대회의 준비를 위한 고통도 하나의 열정과 기쁨으로 진정한 삶의 보람을 찾을 수 있다. 체육대회는 누가 시켜서 행동한 것이 아니다. 스스로 준비하고 연습해서 우승을 차지하기 위한 그들만의 뚜렷한 목표가 있었다. 우리의 삶의 목표도 마찬가지다. 어떻게 고통을 피할 것인가를 생각하지 말고 어떻게 극복할 것인가를 생각해야 한다.

희랍의 철인 플라톤은 "인간 최대의 승리는 내가 나를 이기는 것이다"라고 했다. 모든 것은 스스로 헤쳐 나가야 하고, 자신의 운명은 자신의 인내와 노력에 달려 있다. 내가 이루고자 하는 도전 정신, 하면 된다는 집념과 몰입, 이것이야말로 성공으로 이끄는 지름길이다.

PART 6

삶을 배우는 공동체,
학교

28

맥락형 인재가 궁금하다

> **팩커드의 법칙(Packard`s Law)**
> 어떠한 기업도 성공적인 회사를 만들어
> 갈 적임자들을 충분히 확보하지 못한다면
> 매출이나 수익을 늘릴 수 없다.

수년 전, 선진국형 직업 교육 연구를 위해 직업교육탐색대 연수자의 일원으로 참가한 나는 독일 프랑크푸르트행 비행기에 몸을 실었다. 독일, 네덜란드 등 유럽에서 4주간의 일정은 설렘과 충격의 연속이었다.

처음 도착한 독일의 작은 도시 카셀(Kassel)의 이국적인 풍경은 그리 낯설지 않게 소담스러운 느낌으로 다가왔다. 도로에는 전차, 버스, 자동차가 함께 다니고 있었는데 조화롭게 하나로 연결된 것으로 보아 계획된 시스템으로 다가왔다. 독일 교통과 문화 또한 융합 그 자체였다.

거리마다 마치 박물관처럼 역사가 살아 숨 쉬는 고딕 및 바로크 양식의 건축물과 현대식 건물이 절묘하게 어우러져 있었다. 유럽의 유구한 역사와 전통이 살아 있는 것 같아 이방인의 눈길을 사로잡기에 충분했다.

탐색대는 우선 독일의 직업 교육 시스템과 수업 방식을 체험하기로 했다. 카셀대학교(Kassel of University)의 게르쯔마이어(Gerdsmeier) 교수는 직업 교육 및 프로젝트 학습 이론을 통한 자기 주도적 학습 모델을 제시하였다.

교수는 우리에게 조직(Organization)에 대해 질문하라고 했고, 우리의 질문들을 모아 공통적인 내용을 설명했다. 그다음 관련 사례를 제시했는데 우연히 고속 도로에서 교통사고가 발생하자 다른 운전자들이 자발적으로 병원이나 경찰에 신고하고 부상자들을 응급조치한다는 내용이었다.

이에 대해 그는 "이것도 조직으로 볼 수 있는가?"라고 질문했다. 우리는 이것이 조직인지 아닌지에 대해 각자 의견을 제시했고, 그러는 사이 자연스럽게 토론이 진행되었다. 그동안 교수는 조직에 대해 아무런 설명이 없었다. 토론이 어느 정도 끝나갈 무렵, 독일 수업들은 이런 방식으로 진행한다고 정리해 주었다.

이후 독일 직업학교들을 방문하여 수업을 참관하였는데, 교사가 프로젝트 과제를 주면 학생들은 각각 그룹을 조직하여 자기 주도적 학습으로 진행하였다. 더욱 놀라운 것은 학생들의 연이은 질의응답, 그리고 자신감 있게 주저 없이 의사 표현을 하는 수업 광경이었다.

독일의 프로젝트 수업 모델은 효율성을 최대로 살린 조직화된 맥락형 교육 시스템이다. 단순한 지식의 암기가 아닌 과제 해결에 대한 대안을 스스로 찾게 하고, 학생들의 창의성을 키울 수 있도록 다양한 문제 해결 능력을 주문하였다. 자기 주도적인 토론 문화로 의사 표현 방법이 서로 달랐다.

수업의 결과물은 완벽한 제품을 생산한다는 원칙을 준수하도록 수업이 설계되었다. 세계적으로 유명한 자동차 폭스바겐을 생산할 수 있었던 그들만의 비법과 교육이 여기에 살아 있었다. 학교의 모든 교육은 문제 해결 학습에 초점이 맞추어져 있다.

독일 카셀 프리드리히 리스트 스쿨(Friedrich-List-Schule)에 방문하여 정치경제 수업을 참관할 때는 보다 충격적이었다. 무엇보다 교사의 사용 언어는 독일어가 아닌 영어였다. 또한 인구 분포를 나타낸 도표를 학생들에게 제시하고, 학습자에게 그룹을 형성하여 토의하고 발표하도록 수업을 진행하였다.

이때 교사는 학습자들의 학습 활동에 개입하기보다 보조 역할로 학습 목표를 달성하도록 돕고 있었다. 그룹별 발표가 끝나고 잘못된 것에 대한 질책 없이 정확히 분석 발표 내용을 토대로 계속해서 심화

토론을 하도록 안내하는 것이었다.

사전에 어떤 조정을 하지 않으면서 학습자가 자기 주도적으로 학습에 참여하도록 끌어내는 교사의 역할 수행을 보면서 독일의 교수학습법의 한 단면을 볼 수 있었다. 이후 계속되는 수업 참관을 통해 자기 주도적인 교수학습법은 어느 특정 학교에서만 이루어지는 것이 아닌, 모든 교사의 수업 방식에 적용되고 있다는 것을 알게 되었다.

이러한 교육 방식의 결정체를 연수 기간 내내 우리의 발이 되어 준 버스기사 아민(Amin) 씨에게서 찾을 수 있었다. 그는 직업의식이 투철한 독일인을 대변할 만한 멀티 플레이어였다. 4개 국어를 구사하는 유창한 외국어 실력과 함께 대학에서 역사를 전공했다며 국경을 통과하는 여러 나라의 역사적 사실도 쉴 새 없이 소개하였다. 그야말로 역사 전문 가이드이자 모범 기사였다. 투철한 직업 정신, 희생적인 봉사 정신, 역사의식, 유쾌한 웃음소리와 유머 감각 등은 일행 모두를 기쁘게 해 주었다. 독일 교육의 직업의식 속에 살아 숨 쉬는 맥락형 인재 그 자체였다.

미국의 간부 인재 육성 프로그램인 MDP(Management Development Program)가 있다. 경영인은 각 직급의 직원들이 갖춰야 할 재능을 평가하고, 프로그램에 따라 동일 직위에 있는 여러 명이 후보로 배치되면 후보자들을 비교 분석하여 그 직급에 적합한 한 명을 선정하는 방식이다. 선정되지 못한 후보자들은 맞춤형 교육이나 별도의 훈련 과정을 거친다. 이러한 특별한 시스템은 관심을 불러 모았지만, 조직의 혁신과 인재 양성이라는 측면에서 적절한 방법은 아니었다.

휴렛팩커드(HP)의 공동 창립자 데이비드 팩커드는 기업의 성장은 인재를 키워 내는 것과 비례한다고 하였다. 즉, 어떤 기업도 위대한 회사를 만들어 갈 적임자들을 충분히 확보하지 못한다면 매출이나 수익을 늘릴 수 없다는 것이 바로 '팩커드의 법칙'이다. [40]

이는 학교 조직에도 동일하게 적용된다. 보편적 사고를 하는 교사 그룹 특성을 탈피하고 트렌드를 파악하여 융합적 사고로 접근하는 맥락형 인재가 필요하다. 관리자는 맥락형 인재 양성의 리더가 되도록 교사의 자질을 끌어올릴 수 있는 조직의 혁신과 교육 환경을 조성하고, 교사 본연의 위치와 교육 목표가 무엇인가를 항상 깨달을 수 있도록 해야 한다.

또한 리더는 교사 스스로 성장할 수 있도록 격려하면서 조직의 합리적인 목표와 그 목표를 향해 정진할 수 있도록 지원해야 한다. 이미 잘하는 교사의 코칭도 중요하지만 잘할 만한 교사를 발굴하여 그들을 성장시키고 목표 의식과 가치관을 확립시키며 튼튼한 조직으로 구성하는 것이 맥락형 리더를 양성하는 지름길이다.

학교 발전은 교사 역량과 자질에 정비례한다. 맥락형 교사가 맥락

☺
40) 『롱텀 씽킹』 데니스 케리 외 지음, 최기원 옮김, KMAC, 참조

보편형 인재와 맥락형 인재의 비교

구분	보편형 인재	맥락형 인재
이해 범위	개별 정보나 지식	전체 연관성의 핵심
관심 정도	특정 사안	트렌드
사고 유형	수직적, 보편적	수평적, 융합적
접근 방식	직선, 정사각형, 정육면체	대각선, 마름모꼴, 사다리꼴
관찰 대상	나무의 일부분을 관찰	나무의 뿌리, 줄기, 가지, 잎을 한눈에 관찰

형 학생을 육성할 수 있다. 맥락형 인재 육성 프로그램은 꽃을 키우는 것에 비유하면 학생은 꽃씨이고, 교사는 꽃밭의 주인이라고 할 수 있다.

꽃밭의 주인은 꽃씨가 잘 성장할 수 있도록 싹을 틔우고 물과 거름을 주는 등의 과정을 거쳐야 한다. 만약 꽃씨를 키우는 방식이 아닌 나무를 키우는 방식으로 관리하면 안 된다. 꽃이 필 때까지 기다리지 못하고 꺾어 버리게 되면 결국 그 꽃은 피워 보지도 못한 채 말라 죽을 수도 있다.

학생들을 교육하고자 할 때 먼저 고려해야 할 사항은 맥락형 사고를 하는 것이다. 그러기 위해 자기 주도적 문제 해결 능력과 융합적 사고를 키워야 한다. 융합적 학습 환경을 고려하여 시대적 트렌드의 핵심을 파악할 수 있도록 소통하는 것도 필요하다.

학생과의 소통은 교사가 하고 싶은 말의 내용을 전달하기보다 질문을 통해 알아 가도록 하는 것이다. 소통의 결과로는 수평적 사고를 통한 행동의 변화로 학생과의 공감대를 형성해 가는 것이다.

독일 연수를 마치고 나서 서울로 돌아오는 내내 충격에 휩싸였다. 독일 수업 방식을 접목하기에는 여러 어려움을 예측할 수밖에 없다는 것이 개인적인 견해였다. 이렇게 수업을 진행한다면 우리 학생들의 학업 성취도는 낮게 나타날 것이고, 다양한 학습 내용을 학생들에게 제시하기에는 교사로서 준비할 시간이 필요할 거라는 생각이었다.

교사라면 누구나 공감할 것이다. 지금까지 우리나라 수업은 학생들이 스스로 지식을 찾는 기회를 제공하기보다 일방적으로 지식을 전달하는 데 그치고 질문을 통한 학습을 한다거나 토론을 중점적으로 학습하는 과정을 겪지 못했다. 독일의 수업 방식과는 확연히 비교되는 지점이었다.

아인슈타인은 '알고 있다면 따라할 수 있을 것이다. 모르고 있다면 창조할 수 있을 것이다'라고 하였다. 자기 주도적인 문제 해결 기반 학습은 창조적인 맥락형 학습 방식이며 새로운 패러다임이었다.

팬데믹 이후 교육 현장은 이와 같은 학습자 주도성, 학생 중심 교육이 가속화될 전망이다. 다양한 시행착오와 학습 매체를 통해 우리에게 어떤 결과를 가져올지 기대하는 시간이기도 하다. 우리 아이들의 학습 참여도를 보면서 자기 주도적 학습 활동을 끌어갈 수 있는 교사 역량을 개발하는 것이 우선 과제가 아닌가 싶다.

29

선의의 반대자가 교육에 미치는 영향

> **알브레히트의 법칙**
> 아무리 똑똑한 사람들도 한 조직에 모아
> 놓으면 집단 우둔 상태에 빠진다.

작년 이맘때 우리 학교에 나이 오십이 넘은 기간제 선생님 한 분이 새로 오셨다. 오랫동안 금융 기관에서 임원으로 직장 생활을 하였으나, 언젠가는 학생들을 가르치고 싶은 마음에 회사를 그만두고 우리 학교의 기간제 선생님 채용 공고에 지원하였다고 한다.

요즘은 기간제 선생님 채용 공고를 내면 경쟁률이 높아서 채용되기가 쉽지 않다. 그런데도 다니던 직장을 그만두고 기간제 교사가 되겠다는 결심은 대단한 것이었다. 나이가 들어서 새로운 일을 시작하는 일도 어려운데, 늦깎이 교사의 꿈은 위험한 선택이었다. 십여 년 전에 회사를 그만두고 교사가 되고자 했으나 회사에서 붙드는 바람에 포기했다고 한다.

그런데 기간제 선생님과 함께한 1년 동안 신선한 충격을 받았다. 나이와 무관하게 교사 자질을 충분히 갖춘 업무 처리와 학생들에 대한 교육자로서의 열정이 누구와도 비교할 수 없을 만큼 훌륭했다. 신임 기간제 교사의 각오를 넘어 학교 수업과 본인이 해야 하는 업무를 스스로 알고 있는 선생님이었다.

기간제 선생님은 단기간이다. 대개 젊은 선생님을 채용하여 자투리 수업이나 비중이 낮은 업무를 맡긴다. 나이가 들었거나 학교 경력이 없는 경우 채용하기를 꺼린다. 이 선생님도 그리 적합한 대상은 아니었으나 그동안 직장에서의 현장 실무 경험을 높이 평가하여 학생들의 취업 진로 지도를 위해 채용한 사례였다.

몇 개월이 지난 후 이 선생님에게 교사 자질과 열정이 타고난 것 같다고 칭찬을 건넸다. 칭찬이 아니라 사실에 근거하여 얘기해 주었다. 주위 선생님들에게 교직관을 자극할 수 있는 촉매의 역할을 충실히 이행하고 있었고, 오히려 우리 선생님들에게 교사의 사명을 돌이켜 보는 계기를 만들어 주었다.

세월이 흐를수록 초보 교사 시절의 각오와 자세는 희석되어 습관적인 교사 생활을 하기도 한다. 흔히 교직을 안정된 직업에 비유하듯 철밥통이란 말을 듣기도 한다. 기업과 다른 학교 조직의 특수성 때문이다. 학교 조직의 수평적인 시스템은 기업 경영의 수직적 시스템과는 사뭇 다르다. 학교는 이윤 창출을 위한 생산성 향상을 목표로 하는 것이 아니라 교육의 질적 효율성 제고로 학생들이 창의적인 학습자로 성장하도록 돕는 것이 최종 목표다.

학교 경영을 기업 경영 시스템에 적용하는 경우가 있다. 이를 학교에 적용하면 교사는 기업체의 생산과 과장 역할을 해야 한다. 결국 학교는 창의적인 인재가 아닌 이윤 창출을 통한 생산품을 양산하는 꼴이 된다. 학교 경영은 교육의 품질경영이다. 교사의 역량은 양적 결과의 역량이 아니라 질적 자질의 역량이 더 중요하다.

앞서 말했듯이, 수년 전 직업교육탐색대 연수자의 일원으로 독일 한문센(Hann. Münden) 직업학교를 방문한 적이 있다. 홀다 강과 베라 강이 만나는 지점에 아름다운 작은 성 같은 도시에 있는 한문센은 EFQM(품질관리유럽재단)과 협력하여 학교 품질경영제 시범학교를 운영하고 있었다. 학교 품질경영의 성공 사례로 대표적인 학교이다.

학교에 들어서자 많은 선생님이 반겨 주었다. 혁신방안 모색을 위한 선생님들의 개혁 의지와 실천을 엿볼 수 있었다. 품질경영제는 주 정부와 공동으로 지역 개발 프로그램을 수립한 후 학생 중심의 자기주도적 학습을 목표로 하였다. 학교는 수업을 통해서 학생의 변화를 끌어내기 위해 수업의 질 개선, 학교의 정체성 확립, 교사의 전문성을 강조하였다.

교장은 학교의 장기 발전 전략을 제시하였다. 손수 제작한 학교

PPT 자료를 열정적으로 소개하였다. 교장의 역량은 무엇인가? 교사가 스스로 하는가? 시켜서 하는가? 등등 이외 학교 발전 전략은 젊은 교사들의 아이디어를 수렴하여 반영한다고 말하였다.

이 학교의 품질경영 목표는 다음과 같다. 첫째, 고객(학생, 학부모)을 위해 최고 품질을 제공한다. 둘째, 새로운 학습 형태인 자기 주도적 학습을 실천한다. 셋째, 수업의 질적 제고를 위해 프로그램과 아이디어를 개발한다. 넷째, 교사 집단의 팀워크를 조직하여 운영한다.

교장은 우리 일행과 함께 다니면서 직접 학교 시설과 각 교실을 안내해 주었다. 도와주는 교사 하나 없이 교실마다 내부 시설들을 설명하고 사용법을 안내하였다. 모두가 의아한 눈빛으로 왜 교장 선생님께서 직접 이 일을 하시느냐고 질문했다. 우리나라와 같이 교사마다 조직 관리에 따라 각자 맡은 업무가 있어서 그밖에 업무 처리는 교장이 나서는 모양이었다.

이렇게 학교 업무가 개인별 교사별로 분업화된 것은 독일 한문센의 품질경영제 교육 방식이다. 이 학교의 품질경영 12가지를 소개하면, 리더십, 정책과 전략, 학교의 구성원, 학교와 협력 파트너, 변화의 과정 설계, 학교 구성원의 성과 기준, 고객의 성과 기준, 사회 변화와 성과 기준, 조직의 중요한 성취 수준, 수업 과정 개선에 대한 조치, 교사의 향상된 연수, 의사소통 구조이다.

또한 이 학교의 명성을 유지하는 8가지 질문은 다음과 같다. 교무실이 편안한가? 교사의 탈의실, 화장실이 청결한가? 교실이 기능적으로 구성되었는가? 복도가 많은 전시물로 활용되고 있는가? 외부 손님이 쉽게 찾을 수 있는가? 학교 건물이 사회 인사의 만남 장소로 활용되는가? 출입구와 휴식 공간이 편안한가? 카페테리아가 잘 운영되고 있는가?

한국에 돌아와서 우리 일행은 한문센의 품질경영제에 대해 토론하였다. 아쉽게도 한국과 독일의 교육 시스템이 다르다는 것과 평가 방식이 다르다는 것을 실감했다. 또 한국의 교사는 관리자의 통제와 지시에 따르는 문화라면, 독일의 교사는 스스로가 관리자이자 리더인 셈이다.

독일의 경영 컨설턴트이자 미래학자 칼 알브레히트(Kal Albrecht)[41]는 '한 집단에 똑똑한 사람들을 모아 놓으면 모두 우둔해진다'라고 하였다. 집단 사고, 집단 합의에 이르게 되기 때문이다. 일례로 유명한 레알 마드리드 축구팀은 세계의 유명한 축구 천재들을 영입한 구단이지만, 팀 성적은 그다지 좋지 않았다. 개개인은 축구 천재이지만, 집단에서의 팀 성적은 초라해질 수 있다는 것을 의미한다.

이는 학교 조직에서도 나타난다. 교사 조직은 출중한 개인 역량을 갖춘 집단이다. 그러나 똑똑하고 훌륭한 교사들이 모였음에도 개인의 역량이 발휘되지 못하고 묻혀 버린다. 학교 조직의 시너지 효과는 반

41) 『실용지능이 성공의 기회를 만든다』, 칼 알브레히트 지음, 조자현 옮김, 흐름출판, 참조

감되고 우둔해지는 경향이 있다. 개개인은 모두가 교육 전문가이지만, 조직의 목표와 교육관이 다를 수 있음이다. 또 수평적인 조직 문화에 근거한 교과 중심의 수업 방식과 담임 중심의 업무 처리 과정은 개인화되어 조직의 목표에 충족하지 못한다.

학교 조직의 집단적 우둔함을 막는 방법은 효과적인 리더십이다. 조직의 교육 목표를 달성하기 위해 교사 스스로 조직의 우둔함에서 벗어나야 한다. 관리자는 학교 구성원들의 특성을 파악하여 성실한 리더의 자질을 갖춘 교사를 양성하여야 한다. 또 교사 스스로 리더십을 발휘하기 위해 개인 역량을 개발하여야 한다.

미국의 경영학자 피터 드러커(Peter Drucker)는 성실성을 훌륭한 리더의 조건이라고 하였다. 성실성은 교사 간의 신뢰감을 주어 조직에 있어 매우 중요한 역할을 차지한다. 모든 교사가 관리자가 해야 할 역할을 수행하는 것이 최고의 품질경영 학교가 되는 지름길이다. 모두가 관리자라는 사명감과 정직하고 솔선수범하는 자세로 개인의 역량을 발휘한다면 조직의 소명을 다하지 않을까 싶다.

30

좋은 학교일수록 교칙이 살아 있다

> **정글의 법칙**
> 초원에 갓 태어난 얼룩말은 낳은 지 두
> 시간 만에 몸을 가누고 일어나야 무리에서
> 이탈하지 않고 어미 젖을 먹고 어미를
> 따라야 살아남을 수 있다.

전통 있는 학교일수록 훌륭한 교칙이 있다. 교칙은 학생들이 교복을 단정히 입어야 하는 등의 엄격한 학교 규정과 학생들이 지켜야 할 약속이 담겨 있다. 이는 학교 평판과 좋은 이미지를 주기 위한 학교의 전통이자 특성이다. 학교마다 학생들이 입는 교복은 디자인과 특색이 살아 있기 때문이다.

어른들은 교복을 보면 참 예쁘다고 말한다. 그러나 학생들은 부모님 세대의 교복이 그대로 이어져 내려온 것 같아서 별로다. 신사임당의 치마처럼 길어서 불편하다는 등 어리광부리듯 하소연을 한다.

우리 학교 신입생들은 중학교 내신 성적이 우수한 학생들이다. 취업을 준비하는 학생들은 희망하는 꿈의 크기도 다르고 사고 능력의 수준도 상당히 높다. 따라서 학교를 사랑하는 마음도 남다르겠지만, 중학교 때보다 학교 규정이 엄해서 교칙 준수를 부담스러워한다. 지금은 규정이 많이 완화되었지만 몇 해 전만 해도 졸업과 동시에 사회에 진출하는 탓에 오히려 학생들은 교칙이 더욱 엄격하게 지켜지기를 바랐다. 주로 주요 관심거리인 화장, 염색, 파마, 치마 길이, 구두 디자인 정도 등에 관한 규정들이다.

교복을 처음 입었을 때 치마가 길어서 걸을 때마다 무릎에 닿는다는 불평을 털어놓는다. 교복 치마폭은 A라인으로 길이는 무릎 밑 3cm이다. 그러니 학생들이 불만을 터트리는 건 당연한지도 모른다.

유니폼 스타일의 교복에 구두를 신다 보니 발이 아프고 물집이 생기거나 빨리 걷다가 삐끗하기도 한다. 또 발바닥이 아프고 종아리에 알이 생겨서 걷기도 힘들어한다. 특히 비 오는 날은 양말에 구두에서 빠진 까만 물이 스며들어서 당황하기도 한다.

그러나 신학기가 시작되고 몇 달이 지나면 학생들은 구두를 신고 뛰어다닐 정도로 적응력이 빠르다. 길어서 불편하다는 치마 길이도 어느덧 다른 학생의 치마 길이가 조금만 짧아져도 이상하다고 생각한다. 교칙에 맞게 입는 치마의 길이에서도 학생으로서 자부심이 생긴다고 할 수 있다. 더 이상 불편하지도 않고 신경 쓰이지도 않는다.

학교의 이미지는 학생들이 스스로 규율을 지킬 때 만들어진다. 학교의 주인공은 학생이다. 학생들이 뽑은 학생회장이 대표로 활동하면서 학교의 전통을 이어 간다. 교칙은 학생회에서 대의원회의를 통해 학생들이 만들어 가는 규정이다. 고학년이 될수록 학생들은 학교 규정에 만족하고 더 엄격해야 한다고 강조한다.

신입생 시기에는 학교 교칙에 반감을 갖기도 하지만 3학년이 되면 사회에 진출하기 위한 자신의 교복에 만족한다. 3년간의 학교생활로 취업을 위한 준비와 신입사원으로서의 기본자세를 갖추는 데 익숙해진 것이다. 교복 맵시는 입사 면접 시 가장 편리한 스타일이다. 교복에 어울리는 구두를 함께 신으면 적절한 면접 복장이 되기 때문이다.

학교 규정에는 학생 스스로 지키자는 기본 원칙이 있다. 학생들이 나서서 지키겠다는 약속이기에 교사의 참견이 필요 없다. 스스로 지켜 가는 규율 속에서 학교의 건재함을 이어 가고 학생들의 자존감이 쌓인다.

학교의 명성은 학생들의 생활 모습에서 찾을 수 있다. 학생들이 지켜야 하는 규율 속에 생존의 법칙이 살아 있다. 엄격한 규정을 다투는 선도부와의 갈등, 친구 간의 갈등이 표출되기도 한다. 등굣길에는 선도부 학생들이 매일 교문 앞에서 자체적인 점검을 한다. 단정하지 못한 학생들은 선도부 학생들에 의해 지적 대상이 된다.

학교생활에 적응력이 부족한 학생들 간의 불협화음도 일어난다. 학생들 간의 보이지 않는 은밀한 다툼도 생긴다. 친구들 간의 논쟁이 확산하기도 한다. 모두가 피해자로 전락하거나 착하고 마음이 여린 학생들이 더 큰 피해를 보게 된다.

이러한 학생들의 미묘한 갈등에도 정글의 법칙이 꿈틀거린다. 은 따 같은 상상할 수 없는 일들이 일어나기도 한다. 아프리카 초원에서 갓 태어난 얼룩말은 낳은 지 두 시간 만에 스스로 몸을 가누고 일어나야 한다. 그 무리에서 이탈하지 않고 곧장 어미젖을 먹고 어미를 따라야 살아남을 수 있다는 '정글의 법칙'을 습득하는 셈이다.

사람은 성장 과정이 느려서 그냥 놔두면 죽거나 제대로 성장할 수 없다. 20년 이상 먹여 주고 입혀 주고 보호해 주고 가르쳐야 사람 구실을 한다고 할까. 새끼 얼룩말이 맹수가 들끓는 정글 속에서 살아남기 위해 정글의 법칙을 터득하는 것처럼 학생들에게도 끊임없이 요구되는 꿈을 꾸고 그 꿈을 실현하려는 의지를 키워 줘야 한다.[42]

위드 코로나 시대가 되었다. 갑자기 찾아온 비대면 교육 환경으로 학생들의 규율을 저버리는 상황이 초래되었고, 학교 교칙이 적용되지 않는 사각지대가 생길 수밖에 없다. 학생들은 어제보다 미래보다 오늘에 익숙해지기 급급하다.

학교의 전통과 명성을 잊어버리지 않을까 염려된다. 이러한 시대적 요청에 적응하지 못하고 우왕좌왕하는 우리 아이들은 두렵고 당황

42) 『직장생활 정글의 법칙』, 박윤선 지음, 매일경제신문사, 참조

스럽기도 할 것이다. 급변하는 환경 속에서 살아남기 위해 혼란스러운 학생들에게 건강한 문화를 만들어 주고 보람찬 학교생활이 되도록 지켜 주어야 한다. 하이브리드 교육 환경에 적응하도록 도와야 한다.

아무리 인생이 성적순은 아니라고 해도 성적순으로 평가하기 마련이다. 주도적인 학습자가 되기 어려운 학생의 경우 자신이 꿈꿀 자격도 없다고 지레 생각할지도 모른다. 하지만 학생들은 저마다 특기와 소질이 있다는 것을 기억해야 한다.

그래서 학생 자신이 누구인지 무엇을 좋아하는지 아는 것이 필요하다. 그 일에 전념하고 열중하는 과정은 부단한 노력은 물론이고 끈기와 인내가 필요하다. 삶의 행복을 찾는 꿈은 저절로 얻어지지 않는다. 어떤 성과든지 생각하고 노력하고 실천하는 대로 이루어진다.

도도새란 이름을 들어 본 적이 있는가. 1505년 포르투갈인이 처음 인도양의 모리셔스(Mauritius) 섬으로 항해하던 중 최초로 도도새를 발견하게 된다. 도도새는 칠면조보다 조금 큰 23kg 정도 무게의 청회색 깃털을 갖고 있었다. 땅에서 둥지를 틀고 나무에서 떨어진 과일을 먹으면서 살았다.

도도새는 1681년에 멸종되었는데, 새의 이름에는 포르투갈어로 어리석다는 의미를 내포하고 있다. 사람이 다가가도 무서워하지 않고 도망치지 않는 어리석음을 보고 지어진 이름이다. [43]

모리셔스 섬에는 위협적인 맹수와 같은 포유류가 살지 않아 하늘을 날아다니며 도망칠 이유가 없었다. 상위 포식자가 없어 날개는 보호 수단이 되지 못하고 작고 쓸모없게 퇴화하여 결국 날 수 없는 지경이 되었다.

도도새는 결국 포르투갈인들에 의해 손쉬운 사냥감이 되어 죽어 갔다. 이후 모리셔스 섬은 네덜란드인들이 장악해 죄수들의 유형지로 활용되었고, 섬에 돼지나 원숭이 같은 포유류들이 살게 되고 도도새의 알을 먹어 치우면서 도도새는 점점 사라지게 된 것이다.

모리셔스 섬에서 최고의 강자로서 생존에 대한 위협이 없었기에 진화를 하지 못하고 날지 못하는 새가 되었다. 학교의 명성도 교칙을 준수하는 학생들이 만들어 가는 것이다. 명성이 있는 학교일수록 도도새를 닮아 가는 것을 거부할 것이다.

전통을 이어 가는 학교는 학생들의 수준 높은 이상과 꿈을 가꾸는 힘이 살아 있다. 학교의 전통과 역사를 지키기 위해 학생들도 학교 규정을 스스로 지키려고 한다. 교사의 가르침과 규율을 지키려는 의지가 있는 학생들은 도도새와는 다를 수 있다.

세상에 생명이 있는 모든 것은 외부의 도전과 응전이 없으면 곧 사라지고 만다. 도전받지 않고 익숙한 환경에 안주해 날갯짓을 잊어버린 도도새처럼 스스로 끊임없이 노력하지 않으면 도태된다는 것을 시사하는 가르침이다.

☺
43) 내셔널 지오그래픽 트래블러(National Geographic Traveler) 2019. 3. 참조

정글의 법칙에서 알 수 있듯이 정글은 비록 무섭고 잔인하지만, 그런 척박한 환경 탓에 서로서로 의지하며 더불어 살아가는 지혜가 있다. 학교 교육도 새로운 교육 환경 속의 학생은 물론이요, 모든 공동체의 목표를 위해 나아가려는 방편을 찾아가는 것이다. 학생들은 교사의 가르침 속에 훌륭한 이상과 꿈을 가슴에 품고 성장한다.

전통과 명성이 높았던 학교들도 도도새의 몰락과 비슷한 경우를 종종 볼 수 있다. 영원히 잘나갈 것 같던 학교도 서서히 추락할 수 있다. 학교 교육도 비대면 교육이 늘어남에 따라 교사의 보호에서 멀어져 학생들의 자율성이 점점 늘어나고 있다. 교사는 학생들의 자유와 권리를 찾아 주는 것 외에 학교의 교칙과 규정을 무시하지 않도록 지켜보아야 한다.

AI 시대 변화에 빠른 대처 방법은 스스로 생존의 길을 찾아가는 것이다. 학생들의 자기 주도 능력을 길러 학생들의 성장을 도와야 한다. 학생들을 보호하지 않으면 아무리 명성 있는 학교라도 추락의 길을 걸을 수 있다. 어리석은 도도새의 멸종을 거울삼아야 한다. 새로운 환경에 적응할 교육적 가치를 과소평가하고 자만하게 되면 존립의 위기가 닥쳐온다.

학생들은 흔히 학교 규정이 엄하다고 할 때가 있다. 그러나 학교 규율을 거부하거나 학교 밖으로 떠나는 예상치 못한 결과로 고민할 때는 교사의 책임이 더 크다. 하물며 교사의 손이 닿지 않는 학교 밖을 배회하는 학생들에게 있어 교칙은 무의미하다.

학생들에게 교칙의 의미는 사회에 진출하기 전에 사회 규범을 준수해야 하고 겸허히 받아들이는 것을 미리 배우는 것이다. 학교 교육은 학생들끼리 공생 공존해야 하는 지혜를 알려 주며, 성장의 기쁨을 깨닫게 한다.

학생들에게 정글의 법칙을 가르쳐야 한다. 올바른 교육은 미래에 닥칠 위험을 해결하는 방법을 알려 줄 수 있다. 학교생활 속의 교칙을 통해서 정글의 법칙을 배우고 실천하는 학생을 보면서 그들을 위해 헌신하는 교사가 되어야 한다. 내일을 추구하는 학생들의 길잡이가 되는 것이 교사의 사명이거니와 교육의 목표이기도 하다.

정글의 법칙은 생존을 위해서 살아가는 사람들의 모습을 적절하게 표현한 단어라고 생각한다. 겉으로만 지도하는 것은 아이들에게 감정을 전달할 수 없다. 교사의 진심이 작용할 때 가장 좋은 효과를 가져온다.

학생들 앞에 우뚝 서 있는 교사로서 나아가야 할 삶의 방향을 제시할 수 있으면 좋겠다. 겉으로 보이는 위엄 있는 교사의 모습이 아니라 학생들을 이끄는 지도자로서 역할을 해야 한다. 참된 가르침을 통해 학생들에게 삶의 방향을 제시하는 것이 결과적으로 교사의 모습을 돋보이게 할 것이다.

31

벤저민 프랭클린의 13가지 덕목 실천하기

72대 1의 법칙
자신이 결심한 사항을 72시간, 즉 3일 내에
행동하지 않으면 단 1%도 성공할 가능성이
없다.

우리 학교 인성 교육은 벤저민 프랭클린의 13가지 덕목을 배우는
시간이다. 1년에 걸쳐 매주 화요일마다 시청각 교육으로 진행한다.
아침 자습 시간에 이루어지는데 학생들은 마음을 편안하게 하는 이
시간에 빠짐없이 참여하고 있다. 소통과 배려, 공감과 상호 존중의 행
복한 가치관을 심어 주기 위해 준비된 교육이다. [44]

인성도우미 학생들은 학급마다 덕목별 관련 영상을 준비하여 시
청하도록 안내한다. 담임 선생님과 학생들은 관련 영상 자료를 함께

본 후 토론하고 어떻게 실천할지에 대해 제안하기도 한다.

교육 초기에는 학급마다 적극적으로 이행되지 않는 편이었는데 이 교육의 중요성을 인지하도록 홍보하면서 학생들 스스로 참여하고 있다. 학교에서 이 프로그램을 준비하여 아이들이 자발적으로 참여하도록 했던 것인데 전교생이 모두 참여하기까지 그리 쉽지 않았다.

인성도우미 학생들은 프랭클린의 13가지 덕목을 포스터로 제작하여 매일 등교 시간마다 캠페인을 벌이기도 하면서 차츰 참여율이 높아지기 시작했다. 지금은 학교의 핵심 캠페인 활동으로 자리 잡아서 아이들도 벤저민 프랭클린의 13가지 덕목을 긍정적인 습관으로서 인식하게 되었다.

미국 보스턴에서 태어난 벤저민 프랭클린(1706~1790년)은 자기 계발을 위한 '성공학의 전설적 인물', '성공적인 삶'을 산 역사적 인물이다. 그야말로 성공이 무엇인가를 자기 삶으로 보여준 인물이다. 또 일정 관리를 위해 사용하는 플래너의 모델이자 시간 관리의 롤 모델이다. 그는 항상 스스로 자신의 모자란 부분과 나쁜 습관을 고치기 위해 지켜야 할 13가지 덕목을 만들어 매일같이 지켜 나가고자 하였다.

우리 학생들은 생각만 하고 계획을 세우지 못할 때가 많다. 이에 학교에서는 플래너를 만들어 학생들에게 나누어 주었다. 매일매일 계

---

44) 『벤저민 프랭클린, 가난한 리처드의 달력』, 벤저민 프랭클린 지음, 조민호 옮김, 휴먼하우스, 참조

획을 세워 꾸준히 실천하도록 캠페인을 벌여 나갔다. 매주 하나씩 조그만 일이라도 계획하여 실천하고 꾸준히 노력해 본 경험을 하나둘씩 쌓아 가는 것이다.

그 결과 학생들은 계획을 바탕으로 실천하는 습관을 길러 경쟁력을 갖게 되었다. 학생들은 무슨 일을 시작해야 할 때 실천보다는 계획만 철저히 세우는 경우가 많았다. 시작부터 하지 않고 관련 정보를 얻은 후 어느 정도 확신이 있을 때 비로소 움직이기 시작한다. 계획과 정보를 수집하다가 그만 지치고 실천하지 못하는 경우도 많다. 마치 시험 전날 공부도 하기 전에 책상 정리만 하다 지치게 되는 것과 같다. 자신을 스스로 나약한 존재로 생각하여 먼저 겁부터 내어 주저하게 된다.

공부하기로 마음먹고 내일부터 공부해야겠다고 각오를 해도 또다른 장애 요인이나 걸림돌이 생기기도 한다. 갑자기 친구가 찾아온다든지, 집안일이 생긴다든지, 정당한 이유를 찾아 마음의 핑곗거리를 받아들이면서 자기 합리화한다. 다짐한 것을 바로 실천에 옮기지 않으면 시간이 지나면서 모두 사라지기 쉽다. 세운 계획을 잊지 않고 완수하려면 바로 실천에 옮겨야 한다.

다른 친구들이 생각만 하고 있을 때 먼저 시작하고 꾸준히 실천하기만 해도 경쟁력을 갖게 된다. 아무리 사소하고 작은 일일지라도 상관없다. 조금 버거운 일이라 해도 어차피 완벽한 계획이란 없다. 일단 시작하고 계획을 조금씩 수정해 가면서 완수해 나가면 된다. 스스로의 의지만으로 어려우면 행동으로 먼저 움직여서 변화된 상황을 만드는 것도 하나의 방법이다.

흔히 시간이 부족하다고 한다. 그러나 부족한 시간을 지배하며 살려고 노력해야 한다. 시간의 노예가 되어 시간에 쫓기는 것이 아니라 시간의 주인이 되어 시간을 활용해야 한다. 특히 시간의 흐름을 전략적으로 활용하려면 낭비하는 시간을 최소화할 필요가 있다.

하루 시간표를 만들어 가듯 인생 시간표도 만들어야 한다. 시간의 주인이 되려면 성장기부터 습관처럼 실천해야 한다. 시간을 계산할 줄 모른다면 실패와 성공조차 가늠하기 어려울 것이다.

자신이 결심한 사항을 72시간, 즉 3일 내에 행동하지 않으면 단 1%도 성공할 가능성이 없다는 '72대 1의 법칙'이 있다. 결심했으면 바로 행동에 옮기는 실천이야말로 시간의 주인으로서 성공으로 이끄는 길임을 깨닫게 된다는 것이다. [45)]

우리는 인생을 살면서 무수한 결심과 결정을 하게 된다. 특히 새해 첫날에는 올해 꼭 하고 싶은 것을 이루겠다는 각오를 다지게 된다. 영어 공부, 자격증 따기, 세계 일주하기 등의 계획을 크게 세운다. 그러나 작심삼일이라는 말이 왜 생겼는지 금방 알게 된다. 새해 첫날 야심차게 세웠던 결심은 갈수록 흐지부지되거나 연말에 가서는 '그런대로

---

45) 『유영만의 청춘 경영』, 유영만 지음, 새로운제안, 참조

최선을 다했어!'라며 자조하게 된다.

사이코-사이버네틱스(Psycho-Cybernetics)[46]라는 말이 있다. 인간의 뇌는 미사일의 자동유도장치와 같아서 자신이 목표를 정해 주면 그 목표를 향해 자동으로 유도해 나간다는 개념이다. 자신의 상상력을 잠재의식 속에 '실패'를 입력하면 안 되고, '성공'을 입력해 주어야 그에 맞게 자동 유도된다는 것이다. 따라서 자신이 꿈꾸는 것과 하고 싶은 것을 마음속에 떠올리고 구체화하며 상상하게 된다면 목표에 도달할 수 있다.

그 실천 방안으로 학생들에게 프랭클린의 13가지 덕목을 서로 토론하면서 함께 실천하는 것을 가르치는 것이다. 혼자서 하다 지칠 때 친구들과 함께 주고받은 내용을 활동지에 기록한다. 자신들이 하고자 하는 것과 하고 싶은 것들을 실천하면서 올바른 인성을 길러 가게 된다. 학생들이 함께 지켜야 할 규칙들은 다음과 같다.

우리 선생님들이 학생들에게 처음 이 13가지 덕목을 알려 주었을 때 그저 쉽게 생각하는 경우가 많았다. 사실 그냥 읽고 끝난다면 아무 의미 없는 말들의 나열일 수도 있다. 그래서 학생들에게 반복하여 실천하는 습관과 무작정 따라 할 수 있도록 지속적인 캠페인을 펼쳐 나갔다. 물론 이 13가지 덕목 중에 몇 가지 덕목은 개개인의 상황이나

☺
46) 맥스웰 몰츠 박사가 만든 단어로 정신적인 자동유도장치라는 의미임.

덕목	학생들이 지켜야 할 규칙
절제	급식 먹을 양만 받기 / 휴대전화 사용 시간 줄이기
침묵	수업 시간에 떠들지 않기 / 근거 없는 소문 만들지 않기
결단	자신만의 원칙 한 가지씩 세우기 / 시험 기간 계획 세우기
규율	사물함, 책상 정리 잘하기 / 학교 규칙 잘 지키기
절약	학급 휴지 절약하기 / 교실 냉난방기, 불 잘 끄고 다니기
근면	아침 자습 시간 잘 활용하기 / 야간 자율 학습 생활화하기
성실	지각하지 않기 / 1인 1역 열심히 하기
정의	학급 내 사소한 갈등에 외면하지 않기
중용	논쟁 속 상대방 입장에서 생각하기 / 친구 행동을 이해하기
청결	분리수거 잘하기 / 화장실 물 내리기
평정	수업 시간에 집중하기(자지 않기)
순결	비속어 사용하지 않기
겸손	하루 한 가지씩 양보하기

가치관과 맞지 않을 수도 있다. 그러한 덕목은 삭제하고 자신이 소중한 가치나 덕목을 수정해서 실천할 수 있도록 당부하였다.

학교의 지속적인 캠페인을 최소한 1년 동안 매일 반복적으로 실행해야 습관화될 수 있었다. 중요한 것은 덕목마다 반복하여 실행해 보는 것이다. 나쁜 습관을 없애는 최고의 방법은 나쁜 습관과 싸워서 이기려는 것보다 좋은 습관을 실행하는 것이다. 그러면 자연스레 나쁜 습관도 사라지기 마련이다.

盡人事待天命(진인사대천명)이라는 말이 있다. 사람이 할 일에 최선을 다하고 천명을 기다리는 것이다. 진실한 마음으로 최선을 다하는 자에게는 이른바 행운이라 할 수 있는 기회가 찾아오게 되고, 열심히 실천하는 사람은 좋은 결실을 얻게 된다는 것을 잊지 말아야 한다.

28주 계획, 벤저민 프랭클린의 13가지 덕목

순서	실시일	제목	벤저민 프랭클린 주간 덕목 따라잡기
1	3월 0일	혼자 빛나는 별은 없습니다	절제
2	4월 0일	성공한 사람들의 공통점	침묵
3	4월 0일	에피데믹(Epidemic)	규율
4	4월 0일	1등	절약
5	4월 0일	용기란 무엇일까?	결단
6	5월 0일	나눌수록 이익?	근면
7	5월 0일	내가 믿는 '나'는 누구입니까?	성실
8	5월 0일	엄마의 고백	정의
9	5월 0일	가족이란?	중용
10	6월 0일	꿈 이야기	청결
11	6월 0일	나는 나를 증명했습니다	평정
12	6월 0일	칭찬의 기술	순결
13	7월 0일	어, 니 맘 인정	겸손
14	7월 0일	위대한 질문	절제
15	8월 0일	이런다고 바뀝니다	침묵
16	9월 0일	1년과 하루	규율
17	9월 0일	착하면 손해다?	결단
18	9월 0일	정직한 에이브, 에이브러햄 링컨	절약
19	9월 0일	다르다와 틀리다의 차이	근면

20	10월 0일	당신의 공공예절 점수는?	성실
21	10월 0일	세상을 변화시키는 힘, 인성	정의
22	10월 0일	1대 9대 90의 법칙을 아시나요?	중용
23	10월 0일	암소와 호랑이의 사랑이야기	청결
24	11월 0일	베푸는 것이 최고의 소통이다	평정
25	11월 0일	다 들어드립니다	순결
26	11월 0일	희망의 기부천사	겸손
27	12월 0일	나눌수록 이익?	절제
28	12월 0일	화음의 이해	침묵

벤저민 프랭클린의 13가지 덕목 따라잡기

순서	덕목	내용
1	절제	폭음, 폭식을 삼간다.
2	침묵	타인 또는 나에게 유익한 일 외에는 말하지 않는다. 쓸데없는 말은 하지 않는다.
3	결단	해야 할 일은 실행할 것을 결심한다. 그리고 결심한 일은 꼭 실행한다.
4	규율	모든 물건은 위치에 정해 놓고, 일도 시간을 정해 놓고 진행한다.
5	절약	타인과 자신에게 유익한 일을 모색하고 낭비하지 않는다.
6	근면	시간을 헛되이 쓰지 않는다. 언제나 유익한 일에만 힘을 쏟는다. 불필요한 행동을 하지 않는다.
7	성실	타인에게 폐가 되는 거짓말은 하지 않는다.
8	정의	타인에게 해를 입히는 행위는 하지 않는다.
9	중용	생활이 균형을 지키고 화내지 않으며 타인에게 관용을 베푼다.
10	청결	몸과 의복, 주변을 불결하게 하지 않는다.
11	평정	하찮은 일, 피하고 싶은 일이 생겨도 평정심을 잃지 않는다.
12	순결	타인의 신뢰와 자존심에 상처를 입히는 행동은 피한다.
13	겸손	예수님의 겸손과 소크라테스의 겸손을 본받는다.

32

학교 경쟁력과 교사의 성취는 비례한다

란체스터 법칙(Lanchester's Law)
국가 간 전쟁에서 승패 결과는 전력 차이의
제곱으로 나타난다.

학교 이름을 들으면 그 학교만의 특징이 떠오르는 단어가 있다. 대학 진학률이 높은 학교, 기업체 취업률이 높은 학교, 야구로 유명한 학교, 피겨 스케이팅으로 유명한 학교 등 그 학교만의 특색과 학업 전략이 있다.

이러한 전략은 학교 이미지를 상징하는 브랜드를 만들게 된다. 인문계고등학교는 영어, 수학, 과학, 체육, 음악 등 특성화 교육 중점학교를 운영하여 경쟁력을 발휘한다. 또 특성화고등학교는 컨벤션, 관광, 디자인, 의료, 보건, 자동차, IT, 로봇 등 산업군으로 특성화를 구축하여 학교의 차별화 전략을 갖고 있다. 나름대로 학교마다 특성을 살려 비교 우위의 학교를 만들어 명성이 나야 그 학교의 이름만 들어도 바로 떠올릴 수 있다.

우리 학교는 '국제컨벤션'이란 브랜드를 가진 특성화고등학교이다. 국제적인 마인드로 학생들을 키우고 외국어를 잘하는 학생들이 입학하는 학교의 모습을 기대할 수 있다.

컨벤션이란 다수의 사람이 한 장소에 모이는 대규모 회의를 의미한다. 주로 국제회의, 학술대회, 대중문화, 게임, 이벤트 등을 목적으로 정보 교류와 토론, 대회 등의 형태로 개최한다. 컨벤션 산업은 대규모 회의장이나 전시장, 연회장 등의 시설을 갖추고 국제회의나 전시회, 올림픽과 같은 빅 이벤트 등을 유치하는 산업으로 다양한 공통 관심사에 대한 토의를 중점적으로 다룬다.

이러한 컨벤션 산업에 필요한 전문 인력이 요청되었고, 이러한 틈새를 공략하여 '해성국제컨벤션고등학교'라는 특성화고등학교가 국내 최초로 만들어진 것이다. 컨벤션 전문가는 컨벤션 기획을 위한 투철한 직업관과 관련 지식을 습득하고 글로벌 시대를 이끌어 갈 국제 감각의 협상력이 필요하다. 또 컨벤션 실무와 외국어 학습을 통해 컨벤션 분야의 업무를 수행하는데 필요한 커뮤니케이션 능력을 갖추어야 한다.

학교에서는 매년 '글로벌 페스티벌'이라는 축제가 개최된다. 이 페스티벌은 원어민 수준의 학생들이 다국어로 진행하여 수준이 높고, 학교에서 배운 컨벤션 기획력으로 학교 축제 행사를 직접 기획하고 개최한다.

사회는 3명의 학생이 각각 영어, 중국어, 일본어로 멘트를 한다. 본선에 진출한 학생들은 외국어 말하기 대회와 외국어 노래 부르기 대회에서 수준급 실력을 겨룬다. 특히 지역 사회와 연계하여 글로벌 페스티벌을 진행하므로 페스티벌 행사에 대한 지역 사회의 관심이 고조되고 있다. 심사는 원어민 선생님이 맡아서 결정한다. 전교생 중에 특출한 재능을 가진 학생들이 많아 본선 진출까지의 경쟁이 치열하다.

컨벤션고등학교는 특성상 3년의 교육 과정이 다르다. MICE(마이스) 산업은 기업 회의, 포상 관광, 컨벤션, 전시 이벤트를 포함하므로 컨벤션 기획을 위한 산업 분야 이론과 실무 교육 과정을 이수하여야 한다. 외국어 교육 과정은 1학년 때 중국어, 2학년 때는 일본어를 배운다. 물론 영어는 3년 내내 회화 중심으로 많은 시간을 할애하고 있다.

이런 이유로 외국어에 관심이 많거나 다문화 학생들이 입학하고 있다. 또 매년 1~3명의 외국인 교환 학생이 와서 학교 수업을 듣는다. 한국에 오기 전에 어느 정도 한국어 공부를 하고 온지라 제법 듣기도 하고 인사말을 나누기도 했다. 처음에는 한국의 학교 문화에 적응하느라 부딪히기도 하지만 조금씩 적응하면서 즐거워한다. 이들은 재학생 집에서 홈스테이하면서 가정 문화와 학교 문화도 함께 익히게 된다.

외국인 교환 학생들은 한국의 특별한 문화에 관심이 많다. 재학생들과 어울려 김치 삼겹살, 김밥, 비빔밥, 떡볶이를 자주 먹으러 다닌다. 또 에버랜드, 오케스트라, 케이팝 콘서트, 노래방, 극장, 시장, 산책, 자전거 타기, 태권도 등에 관심이 많다. 주말에는 한강 공원, 롯데 타워, 올림픽 경기장, 경복궁 등으로 함께 어울려 다니며 한국적인 문화에 적응하려고 한다. 이들로 인해 고국에 돌아가더라도 한국 문화와 학교 자랑으로 '코리아'라는 컨벤션 효과를 톡톡히 누리고 있다.

다문화 교육으로 외국어 전문 동아리들이 활동하고 있다. 영어 영재반은 학생들이 직접 면접을 보고 신입 부원을 선발하여 언어 구사 능력이 뛰어나다. 학생들은 스스로 에세이 작성이 가능해서 학생들의 힘으로 학교 소식지와 신문들을 제작하고 있다.

해외 유수 대학의 진학률도 높은 편이다. 서울시 교육청에서 외국어교육 우수학교로 선정되었고, 문화체육관광부에서 국제교류 우수학교로 선정될 만큼 글로벌한 학교 역량은 학교의 명성과 브랜드를 높여 주었으며 홍보 효과에 크게 이바지하였다.

그동안 컨벤션이라는 학교 브랜드는 비교 우위를 차지하여 경쟁력을 충분히 갖추었다. 그러나 지속적인 학교의 경쟁력을 위해서는 4차 산업의 빠른 변화와 더불어 위기 대처와 새로운 전략 수립이 필요하다. 비교 우위에 있건 비교 열위에 놓여 있건 다른 학교와의 차별화 전략을 세워야 살아남을 수 있다.

이에 모든 선생님은 물론 특히 외국어 교과 선생님들은 전문 역량을 갖추어 학생들의 외국어 능력 향상을 위해 부단히 노력하고 있다.

또 원어민 영어 선생님과 일본어와 중국어 다문화 선생님들을 초빙하여 교과 수업 외에 방과후 수업을 특화하여 글로벌 교육 환경을 조성하고 있다.

4차 산업 시대는 인공지능에 의해 초연결(hyperconnectivity)과 초지능(superintelligence)이라는 특징을 가지므로 융합과 연결이 극대화되는 산업 환경에 적응해야 한다. 사람과 사물 또는 사물과 사물이 인터넷 통신망으로 연결되어 발생하는 빅데이터는 인간의 행동을 예측 가능하게 한다.

따라서 새로이 변화되는 온택트 환경에 필요한 프로그램을 만들어 연결과 융합에 의한 새로운 교육 서비스와 대응 전략을 세워야 한다. 학교의 브랜드와 명성을 살려 강한 학교는 강자의 전략이 있어야 하고, 약한 학교는 강한 학교를 상대로 경쟁해서 이길 수 있는 차별화 전략이 필요하다.

영국 과학자 프레드릭 란체스터(Frederick W. Lanchester)는 전투기의 공중전 결과를 분석하다가 제1법칙과 제2법칙을 밝혀냈다. 제1법칙은 1대 1의 전투에는 산술적인 뺄셈의 법칙(5-3 =2)이 적용되고, 제2법칙은 그룹전에서 제곱의 법칙(5-3=4)이 적용된다는 이론을 펼쳤다.[47]

일반적으로 란체스터 법칙이라고 얘기하면 제2법칙을 말한다. 제

---

47) 『핵심정리 비즈니스 프레임워크 69』, 호리 키미토시 지음, 오시연 옮김, 위키미디어, 참조

2법칙에 의하면 A국이 비행기 5대, B국이 비행기 3대가 정면으로 대결한다면, B국의 비행기 3대가 파괴될 때 A국의 비행기는 4대가 남는다. 다만 장소, 무기, 전략이 모두 동일하다는 조건이 붙는다. 결국 약자인 B국이 더 엄청난 손해를 보게 된다. 국가 간 전쟁에서 승패의 결과는 전력 차이의 제곱으로 나타난다. 그러나 강자와 약자가 동일 장소, 동일 무기, 동일 전략으로 정면 대결을 펼쳤을 경우로 한정되어 있기 때문에 약자라고 반드시 진다는 의미는 아니다.

란체스터 법칙에서 이러한 전략 개념을 응용한다면 지는 싸움을 피할 수 있다. 강한 자는 강한 대로 약한 자는 약한 대로 자신에게 적합한 방법을 찾아내야 한다. 강한 자는 동일 장소, 동일 무기, 동일 전략으로 한정해서 정면 승부를 걸었을 경우 승리할 수 있지만 약한 자는 다른 장소, 다른 무기, 다른 전략으로 대결해야 이길 수 있다.

이 셋 중에서 한 가지만 다른 선택을 해도 승부를 걸어볼 만하다. 예를 들어 틈새의 창의적 공간을 찾아 차별화된 전략으로 공략하는 것이다. 학교 명성이 우위에 있는 학교가 절대적으로 유리하다. 경쟁력이 약한 학교는 더 나은 브랜드와 아이템을 가졌다고 해도 부단한 노력이 필요하며 차별화 전략을 모색해야 한다고 생각한다.

한편 학교 명성이 있더라도 순위를 뒤따르는 다른 학교들에 의해 언제든지 브랜드 순위가 역전될 수 있다는 점을 대비한 전략이 필요하다. 지속적인 우위를 위해서 거시적인 대안은 물론 학습 운영 함량을 높이고, 지역 사회와의 관계도 단단히 하며 긴장감을 놓지 말아야 한다. 브랜드 순위가 하위 그룹 학교라면 무기(진로 결과), 장소(학생, 학부모, 지역 사회), 전략(교육 프로그램)에 대해 집중적으로 연구하기를 바란다. 특성화하기에 유리한 자신만의 전략을 준비해야 한다.

우리에게 잘 알려진 이순신 장군의 명언 '아직 배가 12척이나 있고 저는 죽지 않았다'라는 의미의 '尙有十二 微臣不死(상유십이 미신불사)'라는 명언이 있다. 이 말은 란체스터 법칙의 약자를 위한 대표적인 전략이다. 이순신 장군이 한산대첩에서 왜군과 1:7 정도의 정면 대결로 열세임에도 불구하고 '鶴翼陣(학익진)' 전략으로 우위를 보인 공격력으로 승리하였다. 또 명량해전에서는 12척의 배로 133척의 왜군과 대결하겠다는 결연한 의지로 31척을 격침하는 놀라운 승리를 거두었다.

후한서에 '뜻이 있는 자는 일이 반드시 이루어진다'라는 뜻을 가진 '有志者 事竟成(유지자 사경성)'이라는 말이 있다. 강한 자는 강한 대로 약한 자는 약한 대로 차별화 전략이 더욱 필요한 시대이다. 학교의 경쟁력이나 개인의 성공을 위해서라도 자신만이 할 수 있는 전략을 세워 승부를 걸고 실천하는 자만이 무수한 경쟁력에서 성취하는 삶을 살아갈 수 있다.

33

위기는 곧 기회, 티핑 포인트가 있다

3의 법칙(Rule of three)
한두 명의 행동으로는 주위 시선을 끌지 못하나 3명 이상이면 집단이 된다. 집단 행동은 사람들에게 같이 행동하게 만든다.

신발을 파는 외판원이 교무실 한쪽 구석에서 서성이던 날이었다. 선생님들에게 구두와 실내화들을 꺼내 보이며 발이 편한 신발이라면서 홍보하며 판매하고자 찾아온 것이다. 교무실에 있다 보면 신발 외판원만 들이닥치는 것이 아니다. 보험 상품을 소개하려는 보험 설계사가 올 때도 있고, 건강 식품을 팔러 오는 장사꾼도 있었다.

그러나 1년에 한두 번 찾아오는 신발 외판원에게 무조건 나가라고 말하기가 쉽지 않다. 그러다 보면 선생님 몇몇은 신발을 사기 위해 외판원 주위를 서성거리며 신발을 신어 보곤 한다. 온종일 서서 근무하는 선생님들에게는 발 편한 신발이 필요하고 방문 판매하는 경우 대체로 구매하게 된다.

한 선생님이 신발을 신어 보다가 가격 흥정을 하고, 또 다른 선생님이 신발을 신어 보려고 한다. 뭔가 궁금증을 자아내는 분위기이다. 근처에 있던 선생님이 다가가서 신발 구경을 하기 시작했다. 벌써 세 명의 선생님이 신발을 신어 보자 군중 심리가 작용하기 시작한다. 곧이어 여러 선생님이 우르르 모여들어 너도나도 신발을 사기 위해 바빠지고, 금세 교무실은 시끌벅적해지고 말았다.

학교에 오가는 외판원들 이야기를 들어 보면 공통점이 있다. 학교 선생님들에게 물건 파는 것이 가장 쉽다는 것이다. 한 선생님이 마음에 들어 하면 주위 선생님들이 따라서 구매하는 편이란다.

물론 판매 상품의 가성비가 어떤지 판단하고 각자 기호에 따라 구매가 이루어지겠지만 나도 얼떨결에 선생님들이 구매하니까 신뢰하게 되어 무조건 물건을 산 적이 있다. 여러 선생님이 사는 것을 보면 사고 싶고, 안 사면 후회할 것 같다.

이런 광경은 선생님들 특유의 심리일지도 모른다. 그런데 학생들에게도 유사한 심리 현상을 찾아볼 수 있다. 신입생이 입학하면 기대하는 활동 중 하나가 동아리 선택이다. 신학기에 동아리마다 후배 부원을 모집하려고 선배들이 1학년 교실을 돌아다니며 홍보한다.

유명 동아리에 가입하려면 일정 형식에 따라 면접 후에 선발하는

데, 신입생들은 동아리에 대해 가만히 알아보다가 누군가 한두 명이 지원하는 동아리에 관심을 가지고 3명 이상 지원하게 되면 우르르 그 동아리에 모여든다.

이처럼 동아리에 가입하는 신입생들에게서 군중 심리를 엿볼 수 있다. 처음 1명이 가입하면 추이를 지켜보다가 3명 이상이면 그 동아리는 순식간에 정원을 초과하면서 마감된다.

또 방과후 수업 강좌 신청이 이루어질 때도 이러한 군중 심리가 적용된다. 학생들이 공부하게 하는 하나의 좋은 방법일 수도 있다. 선생님들은 신청 학생 3명에게 되도록 빨리 신청하도록 독려하면 뒤따라 다른 아이들도 서둘러 신청하게 된다. 영어나 수학 등 어려워하는 과목도 이 같은 방법으로 수강 학생을 독려하여 지도하는 모습을 볼 수 있었다.

여기에 3이라는 숫자의 비밀이 숨어 있다. 라틴 명언에 셋으로 이루어진 것은 완벽하다는 말이 있다. 3이라는 숫자는 완성의 의미가 담겨 있고, 안정적이며 사람의 마음을 움직이는 힘이 있는 숫자이다.

어떤 내용을 설명할 때 2가지로 말하면 부족해 보이고, 4~5가지로 설명하면 복잡해서 기억하지 못한다. 그래서 3가지가 적절하다. 예를 들면 천-지-인, 과거-현재-미래, 기체-액체-고체, 뿌리-줄기-잎, 서론-본론-결론, 교사-학생-부모 등 3가지가 완성된 구조임을 알 수 있다.

미국 저널리스트 마크 S. 월튼(Mark S. Walton)[48]은 누군가를 설득하고 참여를 끌어내기 위해서는 목표 설정과 그 목표에 따른 스토리를 전략적으로 구성해야 한다고 하였다. 이성에 의한 판단만이 아니라 감성에 의한 행동을 끌어내야 하는데 세 사람에 의해 전체의 참여를 유도할 수 있다고 하면서 '3의 법칙'을 주장하였다. [49)

또 스탠퍼드대학교의 교수이자 심리학자 필립 짐바르도(Philip Zimbardo)는 한두 명이 행동하면 주위 시선을 끌지 못하다가 3명 이상이 되면 집단행동이 된다고 하였으며, 이들 집단행동은 다른 사람에게 그 집단행동과 같은 행동을 취하게 만든다고 하였다. [50)

미국의 심리학자 스탠리 밀그램(Stanley Milgram)은 이러한 집단행동이 왜 일어나는지에 대해 심리적인 실험을 하였다. [51) 뉴욕 번화가의 횡단보도를 건너던 실험자에게 갑자기 발걸음을 멈추고 건너편 빌딩을 쳐다보게 한 것이다.

한 사람의 실험자가 건너편 빌딩을 쳐다보았을 때 42%의 사람들이 관심을 보였고, 두 번째 실험자가 첫 번째 실험자 옆에서 똑같은 행동을 하자 60%의 사람들이 건너편 빌딩을 쳐다보았다. 또 세 번째 실험자를 투입했을 때는 무려 86%의 사람들이 지나던 발걸음을 멈추고

☺

48) 미국 TV 뉴스 분야 최고 저널리스트. 방송계 퓰리처상 피버디상을 포함하여 내셔널 헤드라이너상, 더 오하이오 스테이트상 수상자.
49) 『3의 법칙』 마크 S. 월튼 지음, 양영철 옮김, 세종서적, 참조
50) 『심리학과 삶』, Richard J. Gerrig·Philip G. Zimbardo 공저, 이종현 외 옮김, 시그마프레스, 참조
51) 『권위에 대한 복종』, 스탠리 밀그램 지음, 정태연 옮김, 에코리브르, 참조

함께 건너편 빌딩을 쳐다보더라는 결과가 나왔다.

3의 법칙에서 알 수 있듯이 한두 명만으로 사람들의 관심을 끌어내기 어렵다. 하지만 3명 이상이면 사람들의 관심을 모아 집단행동으로 발전하게 할 수 있다. 3번째 사람이 참여함에 따라 다른 사람의 동참 여부도 결정되는 것이다. 3명이 되어야 티핑 포인트를 만들 수 있다.

벌써 수년 전 일이다. 홍대 근처 공용주차장에서 '홍대조폭떡볶이'라고 불리던 떡볶이 트럭이 있었는데, 어느덧 본점과 2호점이 있을 정도로 성장했다. 건장한 아저씨 셋이 떡볶이를 요리하고 접시에 담아내고 치우는 일까지 일사불란해서 놀라게 했고, 친절한 말 한마디 없이 발 빠르게 응대하는 모습에서 어떤 위압감이 느껴져서 그랬는지 사람들은 조폭을 연상시켰다.

온라인상에서 아저씨들의 떡볶이가 '조폭떡볶이'라고 불리면서 일파만파 알려졌고 줄을 서서 기다릴 만큼 소문난 맛집이 되었다. 어쩌면 흔히 맛볼 수 있는 매콤달콤한 떡볶이에 불과했을 텐데 '조폭'이라는 강렬한 이미지가 얹어지면서 마케팅 포인트가 되었다.

온라인상에서 몇몇 소수 전파자의 '조폭'이라는 단어가 이미지를 고착화하게 했고, 무뚝뚝해서 떡볶이와는 어울리지 않는 건장한 아저씨 3명이 호기심과 함께 상황의 힘이 더해져서 한순간에 성공 스토리를 만들어 냈다. 한마디로 예상하지 못한 티핑 포인트가 발휘된 것이다.

여기에서 말콤 글래드웰(Malcolm Gladwell)이 주장한 티핑 포인트의 3가지 현상을 볼 수 있다. [52] 처음에는 미미하다가 어떤 상황이 주어지자 예상하지 못한 변화가 폭발적으로 일어나는 현상을 보게 된다. 이러한 현상은 소수 전파자, 고착성 요소, 상황의 힘이라는 3요소의 융합 작용이 반응한 것이다.

조직 사회에서 집단행동을 끌어가려면 앞서 나가는 사람이 중요하다. 맨 먼저 앞설 용기를 가진 리더(leader)가 있어야 한다. 앞서는 리더는 선택과 결단이 필요하다. 또 훌륭한 리더가 조직을 이끌려면 두 번째 사람과 세 번째 사람이 뒤따라야 한다. 세 번째 사람이 협력할 때 비로소 실질적인 변화를 이끌어 낼 수 있다. 아무리 리더라고 하더라도 뒤따르는 사람이 없다면 훌륭한 리더라고 할 수 없다.

이러한 티핑 포인트의 중요성은 학교 조직에서도 작용할 수 있다. 학교 조직을 이끌어 갈 3명의 교사만 확보되어도 전체 구성원의 방향을 움직이는 힘이 만들어진다. 이는 학교 발전과 혁신의 열쇠로 더할 나위 없이 중요한 모멘텀이 된다.

학교 발전의 핵심 요소 3가지는 '신입생 모집-교육 운영-진로 성과'이다. 이들은 개인과 학교는 물론 국가까지 연결하여 융합적 결과를 창출하는 중요한 포인트이다. 위기에 직면할 수 있는 학교 조직 문제를 하나하나 해결하려면 구성원들이 머리를 맞대고 다음과 같이 문제 해결의 3요소를 찾아볼 수 있어야 한다.

첫째, 리더의 역할이 중요하다. 학교 발전을 위해 긍정적 방향으로

52) 『티핑 포인트』, 말콤 글래드웰 지음, 김규태 옮김, 김영사, 참조

이끌어 줄 리더를 필요로 한다. 리더의 부재는 조직의 치명적 상황을 만들 수도 있다. 어떤 문제가 발생했을 때 리더의 움직임에 따라 좋은 방향으로 나아갈 수도 있고 나쁜 방향으로 흘러갈 수도 있다. 교장이 책임과 역할을 다할 때 동조자들이 늘어나고 무리가 커질수록 하나의 주류가 형성되는 것이다.

둘째, 조직 운영의 동조자이다. 리더만 있다고 해서 조직이 잘 운영된다고 볼 수 없다. 최소한 3명은 모여야 방향성을 갖고 움직일 수 있다. 리더가 추구하는 방향과 움직임을 지켜보면서 적극적으로 협력하고 지원해야 한다. 변화를 주도하는 1명의 리더뿐만 아니라 그 뒤를 이을 2명의 동조자가 있어야 조직을 원하는 방향으로 이끌어 갈 수 있다.

셋째, 협력의 아이콘을 만들어야 한다. 조직 구성원과의 소통의 장을 마련하여 융합된 조직의 힘을 발휘하여야 한다. 교장-부장-교사가 협력을 통해 시너지 효과를 창출한다면 조직의 균형에 대한 인식이 올라가고 학생들과 학부모들까지 급격한 변화를 만들어 낼 수 있다.

이같이 문제 해결 3요소는 '위기가 곧 기회'라는 말처럼 위드 코로나 시대를 살아가야 할 우리에게 교육 환경을 하이브리드 교육으로 변화하고 발전할 수 있는 또 하나의 티핑 포인트가 될 수 있다. 이렇게 된다면 학교의 혁신과 미래의 비전을 통해 지속적으로 성장하는 학교로 한 발 앞서 나아갈 수 있을 것이다.